# PRÉCIS

# D'Histoire

# Militaire

## RÉVOLUTION ET EMPIRE

PAR

## MAURICE DUMOLIN

ANCIEN OFFICIER D'ARTILLERIE

FASCICULE II

CAMPAGNE DE 1793

Avec 13 croquis en couleurs

PARIS

MAISON ANDRIVEAU-GOUJON

HENRY BARRÈRE, ÉDITEUR

21, RUE DU BAC, 21

1902

# CHAPITRE II

# CAMPAGNE DE 1793 [1]

## I

### LA CAMPAGNE DE BELGIQUE

#### § 1. — LA SITUATION.

La campagne de 1792 n'avait pas terminé la guerre. Comme dans tout le cours du xviii° siècle, les succès obtenus par nos généraux n'avaient pas eu ce caractère décisif qui force l'adversaire à s'avouer vaincu après une seule série d'opérations, et, l'hiver venu, on était resté partout en présence. Mais d'une part la confiance inspirée par ces succès, qui incitait aux conquêtes, d'autre part l'exécution de Louis XVI (21 janvier), qui rendait la coalition générale, allaient jeter la France dans une guerre immense, que l'incapacité du ministre Pache l'avait mise hors d'état de soutenir victorieusement. C'était au nord qu'elle était le plus menacée.

En venant à Paris (1er janvier 1793), Dumouriez avait un double but : faire abroger le décret du 15 décembre précédent

(1) Nous avons consulté pour cette campagne les *Cours des Écoles de Saint-Cyr et de Fontainebleau*; les ouvrages de Chuquet : *la Trahison de Dumouriez — l'Expédition de Custine — Mayence — Wissembourg — Hoche — Valenciennes — Hondschoote*; Thiers, *Histoire de la Révolution*; Général Derrécagaix, *Stratégie*; Jomini, *Histoire des guerres de la Révolution*; Krebs et Moris, *Campagnes dans les Alpes pendant la Révolution*; Delorme, *le Tambour de Wattignies*; Foucart et Finot, *la Défense dans le Nord pendant la Révolution*; Gouvion Saint-Cyr, *Mémoires sur les campagnes des armées du Rhin* (tome Ier); Marmottan, *Le général Fromentin et l'armée du Nord*; les *Souvenirs* du maréchal Macdonald.

10

qui spoliait la Belgique, et renverser Pache. Si ses efforts auprès des ministres et du *Comité de défense générale*, récemment institué par la Convention, furent infructueux pour le premier point, ils devaient pleinement réussir sur le second. Inculpé par Custine, par Biron, par tous les généraux, par le parti girondin, abandonné par les Jacobins, accablé par les rapports des commissaires de la Convention en Belgique, Pache fut destitué (2 février) et remplacé par Beurnonville. Six *adjoints* (1), nommés par le ministre et responsables chacun dans leur partie, eurent la signature des ordres d'exécution.

Le nouveau ministre, plein de vanterie et d'emphase, mais aussi de bonne volonté et de jugement, tenta vaillamment de réparer les maux qu'avait causés son prédécesseur. Quelques mois après sa nomination, chacun vantait son activité et les progrès accomplis. Il n'était que temps. La guerre avec l'Angleterre devenait de jour en jour plus imminente. Déjà la Convention avait discuté avec Dumouriez le plan d'une réorganisation générale de nos armées et accueilli les propositions des *patriotes* hollandais. La mort de Louis XVI, en rendant la coalition générale, mit fin aux dernières hésitations de l'assemblée et la guerre fut déclarée au roi d'Angleterre et au stathouder de Hollande.

### § 2. — L'EXPÉDITION DE HOLLANDE.

**Le plan.** — Dumouriez en accueillit la nouvelle sans grand enthousiasme. En traversant les Flandres, de Dunkerque à Anvers, il avait pu juger par lui-même du dénûment des troupes et l'expédition lui semblait hasardeuse. Il prépara, néanmoins, un plan d'opérations qui consistait à se jeter immédiatement sur Venloo et Maëstricht (2), en prévenant les 10 000 Prussiens du duc de Brunswick-Œls qui se rassemblaient à Wesel pour secourir la Hollande, puis à marcher sur Nimègue et Arnheim, à tourner Utrecht et à se saisir à Muyden de la clef des écluses.

_____

(1) Pour la solde, les fournitures, l'artillerie et le génie, la discipline, la correspondance et les mouvements de troupes, le personnel.

(2) Voir les croquis n⁰ˢ 5 et 6.

Mais Champmorin, l'un des lieutenants de Miranda (1), chargé de se saisir de Venloo, y était devancé de deux heures, le 11 février, par les Prussiens.

Dumouriez aurait pu se jeter sur les forces autrichiennes qui grossissaient derrière la Roër; mais c'était donner à la Hollande le temps d'organiser sa défense. Nul général de cette époque, d'ailleurs, n'aurait osé s'avancer vers le Rhin en laissant l'armée hollandaise sur son flanc gauche et Maëstricht sur ses derrières. De plus, conquérir la Hollande c'était trouver d'un coup tout ce qui manquait à l'armée.

Il adopta donc un second plan, d'une hardiesse et d'une originalité remarquables pour l'époque, qui consistait à déboucher d'Anvers entre Gertruydemberg et Willemstadt, à franchir le Biesboch à Mœrdyk, à s'emparer de Dordrecht, puis à marcher par Rotterdam, La Haye, Leyde et Haarlem sur Amsterdam. De là il reviendrait vers Utrecht tendre la main à Miranda, qui, après s'être emparé de Maëstricht et de Venloo par une attaque brusquée, marcherait par Grave et Nimègue à sa rencontre (2). Rompant avec les traditions de la guerre méthodique, Dumouriez voulait laisser les places derrière lui, en se contentant de les masquer, et s'avancer en plein cœur du pays, en prenant à revers toutes les défenses de la Hollande.

**Les forces.** — Mais il fallait se presser et obtenir des succès foudroyants. Miranda approuva l'entreprise, bien qu'elle lui parût tenir du merveilleux et qu'il redoutât les incursions du prince de Cobourg, qui était venu prendre le commandement des troupes de la Roër. Dumouriez le rassura en lui disant que le général autrichien était hors d'état d'entrer en campagne avant trois semaines, et Miranda vint investir Maëstricht le 6 février avec l'armée du Nord réduite à 13 000 hommes. Son avant-garde, sous La Marlière (3 000 hommes), battait la cam-

(1) A la fin de la campagne précédente l'armée du Nord (Miranda) s'était cantonnée vers Ruremonde et la frontière de Hollande, l'armée de Belgique (Dumouriez) dans les pays de Liége et d'Aix-la-Chapelle, l'armée des Ardennes (Valence) sur la Meuse entre Huy et Saint-Tron, le corps de d'Harville entre Givet et Namur.

(2) Voir les croquis nos 5 et 12.

pagne en avant de Ruremonde et Champmorin restait devant
Venloo avec 5 000 hommes.

Après avoir donné des ordres pour faire remettre en état de
défense les places de la Belgique en cas d'insuccès, Dumouriez,
à force d'activité, tira d'Anvers et des cantonnements de la
West-Flandre les éléments mi-belges, mi-français de l'armée de
Hollande. Elle compta 15 000 fantassins, 1 000 cavaliers, 12 pièces, 24 mortiers et 2 obusiers et se fractionna de la façon
suivante :

| Avant-garde | Berneron.... | 4 compagnies franches, 7 bataillons, 400 cavaliers. |
|---|---|---|
| Division de droite. | d'Arçon..... | 10 bataillons, 200 cavaliers. |
| Division de gauche...... | Leclaire..... | 9 bataillons. 150 cavaliers. |
| Réserve......... | colonel Tilly. | 2 bataillons, 250 cavaliers. |

Sauf trois bataillons, toutes ces troupes étaient de nouvelle
levée et n'observaient aucune discipline. Malgré ses faibles
moyens, Dumouriez, comptant beaucoup sur lui-même, ne
désespérait pas du succès.

**L'expédition.** — Le 16 février, Berneron entrait avec
l'avant-garde sur le territoire hollandais, réunissait tous les
bateaux qu'il pouvait trouver dans les canaux, et, tandis qu'on
les mettait en état, investissait Klundert et Willemstadt. D'Arçon,
avec sa division, marchait sur Bréda ; Leclaire, avec la sienne,
masquait Berg-op-Zoom ; la réserve établissait son camp, dit
*camp des Castors*, sur les bords mêmes du Mœrdyk.

Le 25, Klundert se rendait ; le même jour, Bréda ouvrait ses
portes après un bombardement insignifiant ; le 4 mars, Gertruydemberg faisait de même et l'on trouvait dans ces deux dernières
places de grands approvisionnements en munitions. En même
temps Dumouriez recevait un renfort de 6 000 hommes (maréchal de camp de Flers), tiré des garnisons de la Belgique, qui
relevait devant Berg-op-Zoom la division Leclaire. Tout était
prêt pour le passage du Rhin, fixé à la nuit du 9 au 10 mars.

Mais Maëstricht ne se rendait pas malgré un énergique bombardement. Miranda, ne voulant pas attendre la reddition de la
place pour seconder Dumouriez, convint avec Valence qu'un

corps de 10 000 hommes, tiré de l'armée de Belgique (1), continuerait l'attaque, tandis qu'avec 20 ou 22 000 hommes il se porterait sur Grave en contournant Venloo. Il venait de commencer son mouvement quand il apprit (2 mars) que le prince de Cobourg, après avoir culbuté nos avant-postes sur la Roër, s'avançait sur Maëstricht et que Valence avait rappelé en toute hâte Dumouriez.

### § 3. — L'OFFENSIVE AUTRICHIENNE.

**Le plan autrichien.** — La cour de Vienne voulait reconquérir à tout prix la Belgique pour l'échanger ensuite contre la Bavière. Aussi avait-elle fait de grands sacrifices pour la campagne qui se préparait. Elle avait porté à 40 000 hommes les troupes cantonnées par Clerfayt, l'hiver précédent, derrière la Roër et mis à leur tête son meilleur général, Frédéric-Josias de Cobourg-Saalfeld, prince de Saxe, qui s'était illustré dans la guerre contre les Turcs. Celui-ci avait pris comme chef d'état-major un officier d'une grande réputation, le colonel Mack. L'archiduc Charles commandait l'avant-garde, Clerfayt le corps de bataille divisé en deux lignes, Wurtemberg, Latour et Wenkheim trois gros détachements.

Dans des conférences tenues à Francfort, au commencement de février, avec le vieux duc de Brunswick, commandant les forces austro-prussiennes agissant sur le Rhin, Cobourg et lui avaient arrêté le plan général des opérations. Cobourg, avec l'armée de Belgique, devait débloquer Maëstricht; Brunswick, avec l'armée prussienne, assiéger Mayence; Wurmser couvrir la rive droite du Rhin de Bâle à Mannheim; Hohenlohe-Kirchberg garder le Luxembourg. Mais, ayant les mêmes idées sur la guerre méthodique, les deux collègues devaient *s'attendre réciproquement* et, au besoin, s'envoyer des renforts. — Cobourg, couvert sur son flanc droit par les 10 000 hommes de Brunswick-Œls à Wesel et Venloo, sur son flanc gauche par les

---

(1) Cette armée est passée aux ordres de Valence après le départ de Dumouriez.

6 000 hommes de Beaulieu à Arlon (1), résolut d'entrer immédiatement en campagne pour arrêter la marche de Dumouriez en Hollande et sauver Maëstricht.

La diminution des effectifs par la désertion des volontaires avait obligé l'armée française à resserrer ses cantonnements (2). La Marlière (avant-garde de Miranda, 3 000 hommes) était à Ruremonde; Champmorin (5 000 hommes) devant Venloo; Miranda (13 000 hommes) aux environs de Maëstricht; La Noue (armée de Belgique réduite à 18 000 hommes) à Aix-la-Chapelle et sur la Roër; Valence (armée des Ardennes réduite à 16 ou 18 000 hommes) dans le pays de Liége; d'Harville (10 000 h.) toujours à Namur et le long de la Meuse (3). Les cantonnements étaient répartis sans ordre; la misère et l'indiscipline chez les soldats, l'insouciance chez les chefs y régnaient. En vain quelques généraux éclairés, Dampierre, Stengel, Valence, avaient-ils sollicité l'abandon d'Aix-la-Chapelle et la retraite derrière la Meuse : les commissaires de la Convention s'y étaient opposés. Stengel avait alors barré par des redoutes les deux routes conduisant de Juliers et Düren à Aix-la-Chapelle et fixé Höngen comme point de rassemblement de son corps (avant-garde de l'armée de Belgique) en cas d'attaque. Mais il pressentait une catastrophe.

**L'offensive.** — Dans la nuit du 1er mars l'armée autrichienne franchissait la Roër en deux masses, à Düren et à Juliers, et marchait sur Aix-la-Chapelle. Les Français, avertis depuis la veille des mouvements des Impériaux, avaient passé la nuit sous les armes et résistèrent d'abord vigoureusement. Mais, attaqués de front et menacés de flanc, ils durent partout céder au nombre. Les redoutes furent enlevées et les volontaires changèrent la retraite en déroute. Après avoir perdu 2 000 tués ou blessés, 300 prisonniers et 16 pièces, La Noue et Stengel se repliaient sur Aix-la-Chapelle, qu'ils étaient obligés d'aban-

(1) On a vu dans la campagne précédente que ce général s'était replié sur le Luxembourg devant d'Harville.

(2) Voir le croquis n° 13.

(3) Comparer avec le tableau des cantonnements donné à la fin de la campagne précédente (p. 116 et p. 133, note 1).

donner le lendemain après un court combat de rues. Ils gagnèrent Herve, puis Liége, tandis que Miranda se repliait
sur Tongres, La Marlière et Champmorin sur Louvain et
Diest.

Cette seule journée avait découragé l'armée. Les volontaires
désertaient en foule en criant à la trahison. Dans un conseil de
guerre tenu le 4 mars à Liége, l'abandon immédiat de la ville et
de ses immenses approvisionnements fut résolu. Tout reflua vers
Saint-Tron, sauf Stengel, qui, coupé de l'armée par la cavalerie
autrichienne, se replia sur Namur. Le 8 mars on gagna Tirlemont, et le 9, Louvain. Là, l'infatigable Thouvenot, resté à
l'armée, parvint à remettre un peu d'ordre dans les corps. Il
établit l'avant-garde à Tirlemont et à Cumptich; le gros derrière
la Dyle, Champmorin à Diest pour tendre la main à l'armée de
Hollande, Neuilly à Perwez pour se lier à d'Harville. — Heureusement Cobourg s'arrêtait. Ayant débloqué Maëstricht et rétabli
à Liége les anciens magistrats, il attendait de nouvelles instructions pour se porter en avant.

**Retraite de l'armée de Hollande.** — La nouvelle de
l'irruption autrichienne, tout en inquiétant Dumouriez, ne l'avait
pas décidé d'abord à abandonner l'expédition de Hollande, qui
avait à ses yeux un grave intérêt politique. Pendant huit jours
il résista aux avis découragés de Valence. Enfin, sur un ordre
formel des ministres, il partit (8 mars), laissant le commandement à de Flers.

Mais sa présence seule soutenait ses troupes novices. Lui parti,
tout le monde se démoralisa. D'ailleurs nos affaires tournaient
mal; le stathouder concentrait une armée à Gorcum, une garnison anglaise venait occuper Dordrecht, Brunswick-Œls marchait
de Venloo sur Bois-le-Duc, enfin Berneron avait dû lever le
siège de Willemstad énergiquement défendue. — Quelques
jours après le départ de Dumouriez, de Flers se jetait dans
Bréda et Tilly dans Gertruydemberg; le reste, avec l'artillerie
et les bagages, se repliait sur Anvers dans un désordre
inouï.

### § 4. — NEERWINDEN.

**Tirlemont.** — Nos défaites avaient envenimé les sentiments
haineux des Belges; un dernier acte acheva de les exaspérer.
Les commissaires firent transporter à Lille « pour la mettre à
l'abri » l'argenterie des communautés soumises au séquestre;
les églises furent livrées au pillage et partout des insurrections
éclatèrent.

Dumouriez rentrait en Belgique aigri par ses déceptions et
furieux contre les commissaires qui ajoutaient l'embarras d'une
révolte au péril de l'invasion. Se sachant indispensable, il agit
en maître, expulsa les commissaires, rassura les populations,
intimida les clubs, et, le 12 mars, écrivit à la Convention une lettre
fameuse, dans laquelle il exposait sa conduite et révélait tout ce
qu'il avait sur le cœur.

D'autre part sa présence à Louvain avait rétabli l'unité de
commandement et rendu la confiance à l'armée, qu'il se hâta de
réorganiser. Il lui restait 40 000 fantassins et 4 500 cavaliers. Il
donna la gauche à Miranda, le centre et la réserve (Chancel) au
duc de Chartres, la droite et le corps de Neuilly à Valence,
l'avant-garde (6 000 hommes) à Lamarche. Il garda la position
choisie par Thouvenot en rectifiant l'emplacement de quelques
corps et se résolut à une offensive immédiate. Avec une armée
aussi peu solide, la défensive c'était la débandade. D'ailleurs il
fallait attaquer Cobourg avant l'entrée en ligne de Beaulieu et
de Hohenlohe-Kirchberg qui marchaient sur Namur, et des
Hollandais qui allaient passer la Meuse.

Mais Cobourg, craignant que Dumouriez ne reçût des renforts,
avait aussi résolu de l'attaquer et s'était concentré entre Saint-
Tron et Landen (1). Le 15 mars au matin son avant-garde (archiduc Charles) chassait Lamarche de Tirlemont, et faisait refluer
tous nos flanqueurs sur Louvain. — Dans la nuit même, Dumouriez les reportait en avant, appelait à lui Champmorin,
reprenait Tirlemont le 16 et débouchait avec toutes ses forces

(1) Voir les croquis nos 13 et 14.

entre les deux Gettes, de Gossoncourt à Oplinter, où il se trouvait en présence de toute l'armée de Cobourg. Les deux masses s'arrêtèrent et se contentèrent de regarder le combat de leurs avant-gardes, qui se disputèrent Gossoncourt pendant huit heures. Le village finit par nous rester et Cobourg se retira sur les hauteurs de la rive droite de la petite Gette, de Racour à Léau.

**Le plan de bataille**. — Dumouriez, jugeant que la ligne de communications de Cobourg passe par Saint-Tron et que celui-ci a dû renforcer sa droite, forme le projet de l'attaquer par sa gauche en faisant exécuter à son armée une vaste conversion à gauche autour de Léau comme pivot, de façon à l'amener le soir sur le front Léau-Saint-Tron. Il constitue 8 colonnes :

Les trois premières (Lamarche, Le Veneur, Neuilly) formant le corps de Valence, doivent passer la petite Gette à Neerhey-lissem, attaquer le front Neerwinden-Overwinden, la colonne de droite débordant ce dernier village, et de là marcher en bataille sur Saint-Tron ;

Les quatrième et cinquième colonnes (Dietmann et Dampierre), formant le corps du duc de Chartres, doivent concourir à l'attaque de Neerwinden ;

Enfin les sixième, septième et huitième colonnes (Miaczynski, Ruault et Champmorin), passant la Gette à Overhespen, Orsmaël et Béthanie, doivent prendre respectivement comme objectifs Neerlanden, Dormaël et Léau, sans dépasser cette dernière ville et en réglant leur mouvement sur l'aile droite.

**La bataille**. — Le 18 mars, à sept heures, commence l'action. Cobourg, surpris, car il comptait attaquer lui-même le 19, fait renforcer sa droite par sa seconde ligne. La première colonne de Dumouriez s'empare de Racour, mais, au lieu de pousser sur Landen, se rejette sur Overwinden, gêne l'action de la deuxième colonne et ne s'empare du village qu'à deux heures. Trois retours offensifs des Autrichiens sont repoussés. Enfin, vers le soir, une charge de 20 escadrons qui débouche de Landen dans notre flanc droit, nous oblige à abandonner Overwinden et Racour.

Au centre Neerwinden est pris et repris avec le même acharnement. Mais la troisième colonne, destinée à cette attaque, se rabat sur Overwinden par suite d'un ordre mal compris. Les quatrième et cinquième colonnes prennent et perdent deux fois le village. Dumouriez accourt lui-même à son centre et y rentre une troisième fois au chant de la *Marseillaise*. Mais l'artillerie autrichienne, qui nous domine, rend la position intenable et Neerwinden est définitivement perdu. La cavalerie ennemie, qui veut profiter de ce mouvement de recul, est énergiquement repoussée par Valence, qui est dangereusement blessé.

Malheureusement à l'aile gauche nous étions franchement battus. La sixième colonne, au lieu de marcher sur Neerlanden, s'était rejetée sur Dormaël et l'avait pris, avec l'aide de la septième colonne débouchant de Saint-Tron. Mais attaquées de front par l'archiduc Charles, prises de flanc par les troupes de la deuxième ligne autrichienne, elles avaient été mises en pleine déroute. Champorin (huitième colonne), après avoir pris Léau, appelé à Heelen par Miranda, n'avait pu s'emparer de Halle et avait été englobé dans la déroute des colonnes voisines. Miranda ne se crut en sûreté que derrière la grande Gette, à Oplinter et Tirlemont.

Dumouriez n'apprit que dans la nuit la défaite de sa gauche; la retraite de la droite et du centre s'imposait. Elle se fit le 19 au matin dans le plus grand ordre, sous la protection de Dampierre, et l'armée vint se ranger entre Gossoncourt et Hackendover. Mais l'avant-garde autrichienne avait occupé Wommersom. Dumouriez tenta vainement de l'en déloger avec sa gauche; les troupes de Miranda démoralisées refusèrent de se porter en avant. La désertion continuait. Dans la nuit du 19 mars Dumouriez repassa la grande Gette et s'établit sur les hauteurs de Cumptisch.

Telle fut la bataille de Neerwinden, où Cobourg avait dû son succès, moins à ses dispositions tactiques, qu'au courage de ses troupes et au manque de solidité des nôtres. Ému d'une victoire si chèrement payée (1), il ne poursuivit pas l'ennemi et

(1) Il avait perdu 3000 hommes; les Français 4000 et près de 10000 fuyards.

n'inquiéta pas sa retraite. — Quant à Dumouriez, s'il avait eu rai-son de porter son principal effort sur la gauche de Cobourg, il avait mal choisi son point d'attaque ; il devait franchir la petite Gette plus au sud, vers Pellaines, et marcher sur Wamont et Landen pour déborder l'adversaire. Comme à Jemmapes, il avait fait une attaque *parallèle*, exécutée par deux masses sans aucune liaison entre elles, et les défauts du dispositif avaient été aggravés par l'exécution inintelligente des sous-ordres. La principale faute du général en chef était de n'avoir pas appelé à lui pour la bataille décisive l'armée de Hollande et le corps de d'Harville, afin de s'assurer la supériorité numérique. Comme tous les généraux du temps, il avait « la manie des détache-ments ». Sa bravoure, son énergie étaient restées impuissantes. La défaite de Miranda, manquant d'entrain et commandant à des troupes peu solides, avait tout perdu : comme à Aix-la-Chapelle, les volontaires étaient, pour une grande part, responsables du désastre.

### § 5. — LOUVAIN. — LA RETRAITE. — LA TRAHISON.

**Louvain**. — Le 21 mars, Dumouriez apprenait la prise de Dietz et se repliait sur les hauteurs en avant de Louvain, sa gauche (Champmorin) à Pellenberg, son centre (Lamarche et Le Veneur) entre Corbeck et Bierbeck, sa droite (Dampierre et Neuilly) s'étendant jusqu'à Tombeck, sur la route de Wavre, contre la forêt de Soignes.

Le même jour, Cobourg l'y attaquait. A gauche les Français firent bonne contenance ; Champmorin, « avec autant de cou-rage que d'intelligence, » tint pendant sept heures sur le Pel-lenberg sans abandonner sa position. Mais au centre Lamarche, perdant la tête, se replia bientôt derrière la Dyle, obligeant Le Veneur, puis Champmorin à en faire autant ; l'aile droite, à peine engagée, suivit le mouvement général. Dans la soirée Cobourg occupa Louvain.

Dumouriez jugea tout perdu. Sans moyen contre l'insubordi-nation des troupes, sans confiance dans ses officiers, il résolut d'abandonner les Pays-Bas et de regagner les places fortes du

Nord. Après avoir rallié tant bien que mal ses divisions sur les hauteurs de Cortenberbergh, et convenu avec Cobourg d'un armistice tacite, par lequel il s'engageait à évacuer Bruxelles à condition de ne pas être inquiété, il battit en retraite le 24 mars sous la protection d'une arrière-garde de 25 bataillons, les seuls restés en ordre, et gagna Ath. De là il ordonna à d'Harville de se replier sur Givet et Maubeuge, à Neuilly d'occuper Mons, à de Flers de défendre Gertruydemberg et Bréda, à Berneron de se jeter dans Anvers, à Marassé de ramener le reste de l'armée de Hollande en arrière de Courtrai.

Partout les Belges recevaient les Autrichiens de Cobourg et les Prussiens de Knobelsdorf (1) en libérateurs.

**Les projets de Dumouriez.** — Solidement appuyée aux vieilles forteresses de Vauban, l'armée de Dumouriez pouvait encore intimider l'adversaire, dont sa résistance à Neerwinden et à Louvain avait accru la circonspection. Mais Dumouriez s'était juré d'abattre la République. Ses démêlés avec Pache, les violences des commissaires de la Convention, le penchant naturel de son ambition, tout l'avait outré et dégoûté de ce régime. Un instant il avait cru que la France éblouie se jetterait dans ses bras ; il était maintenant désabusé et se sentait surveillé. Convaincu qu'une restauration monarchique était le seul moyen de devenir tout-puissant, il en avait peu à peu formé le projet, et la conquête de la Hollande n'avait eu pour but que de lui donner une armée à la tête de laquelle il serait revenu en Belgique, aurait rendu au pays son ancienne constitution, et, grossissant ses forces de tous les mécontents, aurait marché sur Paris. Mais l'expédition avait échoué et sa colère s'en était accrue. Ne s'abusant pas sur le sort qui l'attendait après sa lettre du 12 mars à la Convention, il avait espéré sauver sa tête en battant l'ennemi. Vaincu à Neerwinden et à Louvain, persuadé d'ailleurs que la République touchait à sa ruine, il ne vit de salut pour lui que dans une contre-révolution. Un grand nombre de ses lieutenants approuvait ses desseins.

(1) Ce général avait remplacé Brunswick-Œls dont Cobourg avait incriminé les lenteurs.

Dès le 23 mars, après Louvain, il avait fait entrevoir ses projets à Cobourg. Le 25, Mack vint le trouver à Ath et Dumouriez,
s'exagérant les forces autrichiennes, consentit à l'évacuation
complète de la Belgique à condition de n'être inquiété en rien.
Bréda, Gertruydemberg, Anvers capitulèrent et leurs garnisons
gagnèrent la frontière. Dumouriez replia l'armée de Belgique à
Tournai, puis à Saint-Amand (31 mars). L'armée des Ardennes
campa à Maulde, celle du Nord à Bruille, les flanqueurs à
Orchies et à Bavay, le corps de Neuilly à Condé et Valenciennes.
— Le général Ferrand commandait dans cette dernière ville,
Tourville à Maubeuge, Dampierre au Quesnoy, Duval à Lille.

**La trahison.** — Le Comité de défense générale (1) avait
pris contre Dumouriez des mesures décisives. A la suite des
rapports venus de Belgique, il avait décidé le 29 mars qu'on
manderait le général à la barre de la Convention. Quatre commissaires (2), auxquels se joignit le ministre de la Guerre Beurnonville, partirent le 30 pour signifier le décret à Dumouriez
et gagnèrent Saint-Amand par Lille et Orchies. Après les avoir
entendus dans la soirée du 1ᵉʳ avril, le général les fit
arrêter et conduire à Tournai sous l'escorte des hussards de Ber-
chiny, qui les remirent aux avant-postes autrichiens (3).

Avant de s'engager sur la route de Paris, Dumouriez adressa
aux troupes une proclamation adroite, puis voulut s'assurer de
Lille, de Valenciennes et de Condé. Mais le grand prévôt Les-
cuyer, envoyé à Valenciennes, tâtonne ; Ferrand, qui commande
la place, hésite. Les commissaires gagnent les soldats et le coup
est manqué. Miaczynski n'est pas plus heureux à Lille, où Duval
a été prévenu à temps, et s'y fait arrêter (2 avril). Pendant ce
temps, Dumouriez passe en revue les troupes du camp de Bruille
où commande provisoirement Rosières, et y est acclamé, ainsi

---

(1) Renouvelé après Neerwinden, ce Comité comptait 25 membres ; on le
nommait déjà *Comité de salut public*. Il siégea pour la première fois le 26 mars.
(2) Camus, Quinette, Lamarque et Bancal ; ils devaient s'adjoindre en passant
Carnot, alors à Lille, mais le manquèrent : ce hasard sauva de la captivité
l'organisateur de la victoire.
(3) On les transféra à Maëstricht, puis en Bohème et en Moravie. Ils furent
échangés le 25 décembre 1795 contre la Dauphine.

qu'à Maulde, où commande Le Veneur et où il se rend le lendemain.

Mais la Convention lance décrets sur décrets ; Dumouriez est mis hors la loi ; une proclamation est adressée à l'armée ; 22 commissaires (1) sont envoyés dans le Nord pour organiser la défense ; Bouchotte est nommé ministre de la Guerre. Les commissaires déploient une activité infatigable. Moreton à Douai, Tourville à Maubeuge, Ferrand à Valenciennes, Neuilly même à Condé, Dampierre au Quesnoy se déclarent contre Dumouriez et le dernier reçoit le commandement en chef. A Bruille et à Maulde un courant d'opinion, formé par les artilleurs et les volontaires, fait refluer vers Valenciennes un grand nombre de détachements. L'armée de ligne seule reste hésitante.

Le 4 avril, Dumouriez, qui se rend à Condé avec quelques officiers pour s'assurer de la place, tombe dans le 3ᵉ bataillon des volontaires de l'Yonne, commandé par Davout, qui rétrograde de Bruille sur Valenciennes. Il veut les arrêter ; ils murmurent, puis l'attaquent et cherchent à le prendre. Il n'échappe que grâce à la vitesse de son cheval, passe l'Escaut et gagne Bury, où il a une entrevue avec Mack. Le 5, il ose revenir à Maulde pour haranguer les troupes, sous l'escorte de dragons autrichiens. Mais il apprend soudain que toute l'artillerie du camp de Saint-Amand se rend à Valenciennes. Il y court et tente en vain de la retenir. Cette dernière défection est comme un signal ; pièce à pièce, les troupes des camps de Maulde et de Bruille se dirigent vers Valenciennes et le 5 au soir Dumouriez franchit la frontière, n'ayant plus auprès de lui, avec son état-major, que 500 fantassins et autant de cavaliers (2).

Ainsi disparut honteusement de la scène le général auquel la France avait dû ses premières victoires. Son plus grand mérite militaire, à part un éclair de génie, était d'avoir préconisé par-

---

(1) Ils eurent désormais le titre de *Représentants de la Nation* et un costume particulier.

(2) Sauf Valence, qui devint sénateur et pair, et le duc de Chartres (Philippe-Égalité) qui devint roi, la plupart des compagnons de Dumouriez, entre autres Thouvenot, moururent ignorés. Lui-même reprit à travers l'Europe sa vie de conspirateur nomade et mourut en 1828.

tout et toujours la guerre offensive, si propre au caractère français. « Carnot, a-t-il écrit dans ses *Mémoires*, est le créateur du
nouvel art militaire que Dumouriez n'a eu que le temps d'esquisser et que Bonaparte a perfectionné. » Si la postérité pouvait
être indulgente à un traître, elle ratifierait peut-être ce jugement
porté sur lui-même en souvenir de la manœuvre de Valmy.
Mais ce n'est pas le temps qui lui a manqué pour être un grand
général : c'est la puissance de raisonnement et le caractère.

## II

## LA PÉRIODE DE CRISE

### § 1. — LA SITUATION.

**Dampierre**. — Dociles à l'appel des Représentants, les
soldats de Dumouriez avaient quitté les camps de Maulde et de
Bruille et s'étaient jetés à la débandade dans les places du Nord.
Il était urgent de leur rendre un chef. Les commissaires de la
Convention choisirent Dampierre, commandant au Quesnoy,
qui s'était prononcé dès le premier jour contre Dumouriez et
qu'ils investirent des pouvoirs les plus étendus.

C'était surtout « un général de main ». Intrépide, exécutant
avec hardiesse les ordres d'autrui, il manquait des qualités du
général en chef. Il avait d'abord fixé comme lieu de rassemblement le camp de Famars (1), à une lieue de Valenciennes,
entre l'Escaut et la Rhonelle. Puis, trouvant l'armée trop près de
la frontière, il l'avait menée sous le canon de Bouchain,
derrière l'Ecaillon (8 avril). Lamarche dut commander, sous
ses ordres, l'armée des Ardennes; La Marlière fut envoyé au
camp de la Madeleine, près de Lille, où se réunissaient les
troupes revenant de Hollande (environ 12 000 hommes);
O'Moran rassembla de Dunkerque à Cassel les forces éparses
dans la Flandre (environ 16 000 hommes).

Les deux armées du Nord et des Ardennes, concentrées en

(1) Voir le croquis n° 15.

avant de Bouchain (environ 35 000 hommes), étaient dans un indescriptible désarroi. La cavalerie était ruinée, les vieux régiments d'infanterie découragés par le dénûment, les volontaires et les corps francs débauchés et sans discipline. La gendarmerie donnait l'exemple du pillage : c'était la dissolution complète.

D'autre part, l'empereur avait désavoué les négociations de Cobourg avec Dumouriez et un congrès tenu à Anvers (8 avril), après avoir obligé le général autrichien à se rétracter publique-ment, avait combiné un nouveau plan d'opérations. En vain Dampierre, pour gagner du temps, essaya-t-il de reprendre les pourparlers, en vain le Comité de salut public et le ministre des Affaires étrangères, Le Brun, essayèrent-ils d'agir par leurs agents secrets. Toutes les tentatives échouèrent devant la réso-lution irrévocable des Alliés de s'indemniser en démembrant la France. D'ailleurs celle-ci, exaspérée par cette perspective, renonça bientôt à toute entente et résolut de répondre à la force par la force. Le Comité, renouvelé, prit des mesures extrêmes et, par son énergique influence, imprima à nos armées un irrésistible élan.

### 2. — LE CAMP DE FAMARS.

**L'offensive de Cobourg**. — Toujours circonspect et méthodique, Cobourg ne comptait pas renouveler « la sottise » de Brunswick et s'avancer au cœur du pays avant d'avoir assuré ses derrières par une solide base d'opérations. Il fallait donc s'emparer des places. Lille semblant un trop gros morceau, on résolut de terminer par elle la campagne et de commencer par Valenciennes, le Quesnoy et Dunkerque. Huit mille Prussiens sous Knobelsdorf, 13 000 Anglais sous le duc d'York, 15 000 Hol-landais sous le prince d'Orange, enfin 12 000 Hanovriens et 8 000 Hessois devaient seconder les 45 000 Autrichiens de Cobourg. C'était un total de plus de 100 000 hommes.

Le 9 avril, Cobourg, rejoint par ses renforts, passait la fron-tière. Wurtemberg, avec 8 000 hommes, investissait Condé ; Latour (8 000 hommes), vers Bavay, observait Maubeuge ; Cobourg, avec le gros de ses forces (60 000 hommes), se portait sur Valenciennes, tandis que le prince d'Orange s'avançait sur Courtrai, Ypres et Furnes avec les Hollandais, et Knobelsdorf, avec les Prussiens, de Tournay sur Saint-Amand.

Dampierre était encore à Bouchain (1). Sur les instances des commissaires de la Convention, qui le pressaient de rétablir ses communications avec Condé, il réoccupa le camp de Famars (15 avril), plaça son avant-garde (Kilmaine) à Anzin, détacha un corps de flanqueurs (Ransonnet) sur la Scarpe et se fortifia sur la Rhonelle. Mais il était déjà découragé et écrasé par sa responsabilité. Le ministre et les Représentants commençaient à le juger au-dessous de sa tâche. Il fallait donner « un coup de collier » : à son corps défendant Dampierre livra bataille.

**Combats autour de Valenciennes.** — Knobelsdorf ayant atteint Saint-Amand (23 avril), Cobourg avait porté à Raismes le corps de Clerfayt, tout en maintenant le gros de ses forces sur la rive droite de l'Escaut. Dampierre l'attaqua sur les deux rives le 1er mai au matin. Tandis que La Marlière faisait une démonstration sur Saint-Amand, Dampierre, profitant de la surprise de l'ennemi, enlevait Saint-Saulve et Lamarche, Curgies. Mais Mack rétablit les affaires et repoussa bientôt nos troupes qui lâchèrent pied. Sur la rive gauche, Kilmaine lutta toute la journée contre Clerfayt sans parvenir à le déloger. Si la majorité des soldats avait montré un réel courage, leur manque de discipline avait jeté le décousu dans les attaques et poussé au gaspillage des munitions.

Les commissaires s'en prirent à Dampierre, qui répondit par des doléances et par une série d'ordres contradictoires, dont le seul résultat fut de fatiguer les troupes. Le 8 mai, il se décidait à renouveler l'attaque en portant son principal effort sur la rive gauche, vers Raismes et Vicoigne, au milieu de bois favorables à des soldats encore peu solides. La Marlière eut les honneurs de la journée. Tandis que sa gauche maintenait les Prussiens dans Saint-Amand, sa droite les chassait de la forêt de Vicoigne, se fortifiait près de ce village dans une redoute, que deux retours

(1) Au 20 avril l'armée du Nord compte à l'effectif 175 000 hommes, disséminés de Valenciennes à Dunkerque, et l'armée des Ardennes 53 000 (Voir Marmottan, p. 58).

offensifs ne pouvaient lui enlever, et coupait les communications de Knobelsdorf avec Cobourg. Mais de l'autre côté de la forêt, Lamarche, malgré cinq tentatives, ne parvenait pas à percer jusqu'à Vicoigne, tandis que Dampierre se faisait tuer en essayant d'enlever le village de Raismes (1). Lamarche, qui reçut le commandement, fit replier les troupes sans trop de confusion.

**Lamarche.** — Vieux soldat, brave mais borné, le nouveau général en chef n'était guère l'homme de la situation. Mais les Autrichiens, après avoir occupé le 10 mai la redoute de Vicoigne en s'emparant de 300 hommes, cessèrent pour quelque temps de l'inquiéter.

L'armée, obligée d'envoyer des renforts en Vendée, ne recevant que des recrues sans instruction dont un bon nombre se perdait en route, sans vêtements, sans objets d'équipement, était dans un état pitoyable. Lamarche, résolu à la défensive, se fortifia sur une ligne trop étendue, de Hasnon (sur la Scarpe) au Quesnoy. — Un projet de diversion sur les deux ailes de l'ennemi, vers Cassel et Givet, avorta. Mais Kilmaine, nommé au commandement de l'armée des Ardennes et envoyé à Sedan, parvint à rassembler à Villy, près Carignan, un corps de 7 à 8 000 hommes et contribua bientôt au gain de la bataille d'Arlon (9 juin) en envoyant à l'armée de la Moselle un secours de 2 000 hommes (2).

Le 23 mai, Cobourg attaqua les positions de Lamarche. Mack, qui allait se retirer et être remplacé par Hohenlohe-Kirchberg, avait dressé le plan de l'action, lequel s'exécuta point par point. York, avec le corps anglo-hanovrien, traversa la Rhonelle à Maresches et rejeta la droite française dans les retranchements du camp. Ferraris enleva les redoutes d'Aulnoy, tandis que Clerfayt et Knobelsdorf tenaient en échec les postes d'Anzin et de Hasnon (3). Nous perdîmes 3000 hommes, 3 drapeaux et 17 pièces.

---

(1) Ses funérailles eurent lieu solennellement à Valenciennes et la Convention décréta qu'il serait enseveli au Panthéon ; puis un revirement se produisit et le décret ne fut pas exécuté.

(2) Voir ci-après, § 4.

(3) Les troupes de Colaud firent bonne contenance à Hasnon, mais celles de Ransonnet abandonnèrent Marchiennes.

Lamarche, craignant d'être enveloppé, se replia dans la nuit sur Bouchain.

Le lendemain (24 mai), La Marlière, débouchant de Lille, délogeait les Hollandais de Tourcoing et les rejetait sur Menin. Mais le 31, une expédition tentée sur Furnes par O'Moran et Carnot, avec 7 000 hommes du camp de Cassel (1), donnait lieu, après un premier succès, à des scènes honteuses de pillage et de désordre, que les généraux, malgré leur colère, étaient impuissants à réprimer. — Cobourg, néanmoins, inquiet pour sa droite, changea ses dispositions. Les Hollandais s'étendirent de Dixmude à Lannoy, par Menin; les Prussiens de Lannoy à Orchies; lui-même s'établit à Hérin, pour se lier aux Prussiens et couvrir le siège de Valenciennes confié au corps du duc d'York.

### § 3. — LES CAMPS DE CÉSAR ET DE GAVRELLE.

**Custine.** — Lamarche, après s'être replié sur Bouchain, avait établi l'armée sur le plateau de Paillencourt, entre la Sensée et l'Escaut, au lieu dit *camp de César*. La position, entourée de rivières et de marais, était avantageuse, couvrait bien les troupes contre les incursions de l'excellente cavalerie des Alliés, et protégeait les communications sur Douai et Péronne, où se trouvaient les magasins (2). Lamarche, dégoûté du commandement qu'il n'avait accepté que provisoirement, avait été remplacé dès le 13 mai par Custine, le vainqueur de Mayence, que le cri public et le vœu de l'armée désignaient (3).

Le nouveau général en chef arriva à Cambrai le 27 et fut reçu par les troupes avec enthousiasme. De suite il proposa au Comité un plan dont il était question depuis quelque temps dans les états-majors, et qui consistait à *dégarnir la Lorraine, pour frapper au nord un coup décisif, en y portant la majeure partie de l'armée de la Moselle* (4). Il n'était pas urgent suivant

(1) Voir le croquis n° 1 pour la position de Cassel.
(2) C'était là, disait Mack dès le 1er mai, que les Français auraient dû s'installer.
(3) Le candidat des ministres et du Comité était Kilmaine.
(4) Voir pour l'éclosion de ce plan, que Carnot devait réaliser l'année suivante, les deux livres si intéressants et si documentés de M. A. CHUQUET: *Valenciennes* et *Hondschoote* (chez Charavay).

lui de débloquer Mayence, qui retiendrait longtemps encore devant ses murs la moitié des forces de la coalition. Le Comité approuva Custine, mais le ministre Bouchotte et le commandant de l'armée du Rhin, Beauharnais, protestèrent hautement, et le Comité, dominé par les soucis de l'intérieur, finit par préférer envoyer en Vendée les troupes destinées à la Flandre.

Custine n'avait plus d'autre tâche que de réorganiser l'armée : il s'y employa avec énergie. Il essaya par des travaux de fortification de rendre le camp de César inattaquable. De vigoureuses exhortations et de sévères ordonnances rétablirent la discipline aussi bien parmi les officiers que parmi les soldats. Un règlement prévint la confusion qui régnait dans les marches. Un officier, un sous-officier et un tambour de chaque bataillon se rendirent à Cambrai, pour s'exercer à la cadence du pas de 90 à la minute. On fit quotidiennement deux appels de rigueur et l'exercice commença dès quatre heures du matin. Enfin, avec l'assentiment des commissaires, Custine égalisa tous les bataillons à 450 hommes et en chassa tous les passe-volants. Après cette épuration, l'armée qui comptait au 31 mai 41000 hommes, n'en compta plus au 13 juillet que 39800. Mais elle avait 4800 cavaliers, au lieu de 3000, et, au lieu d'une cohue, présentait l'aspect d'une troupe équipée et assez bien instruite.

Custine inspecta les camps, parcourut la frontière de Sedan à Dunkerque et fut reçu par toutes les troupes avec les démonstrations de la joie la plus vive. La confiance renaissait. Mais le général ne jugea pas encore possible de risquer son armée dans la plaine et assista immobile au siège de Valenciennes. Les mois de juin et de juillet furent remplis par des escarmouches sur tout le front entre les avant-gardes, où se distingua le colonel prussien Blücher. Cobourg, les yeux fixés sur Valenciennes, se refusa à tout mouvement en avant et laissa à nos troupes inhabiles le temps de se raffermir et de s'accoutumer à l'ennemi : sa façon de guerroyer, semblable à celle de Brunswick, était pour elles la meilleure des écoles.

Pendant ce temps Custine était battu en brèche. Son origine noble, l'amour que lui témoignaient les soldats lui avaient attiré la haine des Jacobins et des gazetiers de la Montagne. La hauteur méprisante et brutale avec laquelle il traita Bouchotte, les mesures qu'il prit contre ses émissaires qui distribuaient à l'armée les journaux jacobins le diffamant, lui suscitèrent l'animosité du ministre. On lui reprocha sa sévérité, on l'accusa de dégarnir les places de leur artillerie et le nouveau Comité de salut public, où dominait Robespierre, l'appela à Paris (13 juillet). Arrêté le 22, la nouvelle de la chute de Mayence (28 juillet) décida son procès. Le 28 août il montait sur l'échafaud. — Sa chute entraîna celle de son ami La Marlière, qui s'était attiré aussi la haine du parti jacobin. Arrêté le 22 juillet en même temps que Custine, il fut exécuté le 26 novembre.

**Kilmaine**. — Kilmaine, Irlandais d'origine (1), remplaça Custine, et, grâce à l'énergie des Représentants, sut éviter une rébellion des troupes, favorables à leur ancien chef. Présomptueux, mais brave et énergique, le nouveau général se sentit bientôt, comme ses prédécesseurs, débordé par sa tâche. L'armée était loin d'être complètement réorganisée; la cavalerie surtout était faible; une foule de destitutions avaient lieu dans les états-majors et parmi les gouverneurs des places; les officiers étaient alarmés, les soldats découragés et la chute de alenciennes (28 juillet) avait exercé sur tous la plus fâcheuse impression.

Sur ces entrefaites, Cobourg attaqua le camp de César avec 55 000 hommes. Au lieu de consacrer toutes ses forces à l'opération, il avait commencé, suivant la stratégie de l'époque, par envoyer 10 000 hommes vers Orchies et autant vers Bavay pour protéger ses ailes. Avec les 35 000 hommes qui lui restaient, jugeant la position française inabordable de front et de flanc, il avait résolu de la tourner par le sud. Tandis que Colloredo (9 000 hommes) et Clerfayt (12 000 hommes) occuperaient les Français sur l'Escaut, de Thun-l'Évêque à Lieu-Saint-Amand, York, avec 14 000 hommes, devait aller passer le fleuve vers Crèvecœur, et se rabattre ensuite sur les derrières de l'ennemi.

(1) Il était né à Dublin en 1751 et servait la France depuis 1774.

— Ces dispositions étaient défectueuses, car les deux premiers corps étaient beaucoup trop forts pour une simple démonstration. De plus ils se partageaient toute la cavalerie, qui devait leur être inutile, tandis que York n'avait que 5 escadrons.

L'attaque eut lieu le 7 août. Colloredo s'empara du pont de Thun-l'Évêque, Clerfayt d'Iwuy et de Hordain, York atteignit Marcoing. Kilmaine, ne jugeant pas son armée assez manœuvrière pour la jeter sur cette dernière colonne et l'écraser, se résolut à la retraite. Un conseil de guerre fut d'avis de se retirer latéralement sur la Scarpe, entre Douai et Arras, et Kilmaine, mettant ses troupes en mouvement dès le 7, vint se placer avec une forte division à Fontaine-Notre-Dame pour couvrir la marche de ses colonnes. Le 8 au matin il abandonnait cette position et repassait l'Agache. Mais apprenant que 2 bataillons, qui s'étaient trompés de route, allaient être enlevés dans Marquion, il revint sur ses pas avec sa cavalerie et son artillerie légère, les dégagea par une charge vigoureuse et se retira fièrement sans être entamé, en détruisant le pont derrière lui. York s'arrêta sur l'Agache, Clerfayt et Colloredo s'établirent sur les hauteurs de Paillencourt, et, malgré un instant de panique, l'armée française gagna la Scarpe sans encombres. — Cette belle retraite, non moins que les fautes de Cobourg et la lenteur de York, sauvait le dernier noyau de forces qui restât à la République sur la frontière du Nord.

Kilmaine fixa son quartier général à Gavrelle et établit l'armée le long de la Scarpe, de Rœux à Biache-Saint-Vaast, avec des avant-postes sur la rive droite et jusqu'à la Sensée. Mais au moment où il se glorifiait de sa belle manœuvre, il apprenait que, suspect comme étranger, il était remplacé par Houchard (16 août) (1).

**Condé et Valenciennes**. — La désorganisation de l'armée avait contraint les généraux de la République à abandonner à elles-mêmes les places de Condé et de Valenciennes.

La première, où commandait Chancel, insuffisamment pourvue

(1) Il se retira à Passy ; arrêté le 29 décembre, puis gracié, il n'obtint qu'en 1795 sa réintégration dans l'armée.

par Dampierre, dut se rendre devant la famine le 10 juillet, après avoir honorablement prolongé sa défense : Cobourg, qui voulait en faire sa place d'armes, s'était refusé à la bombarder.

A Valenciennes commandait le vieux général Ferrand. Brave, mais sans caractère, il n'eut ni plan suivi, ni prévoyance, mais il fut bien secondé par son entourage, surtout par l'officier du génie Tholozé et par l'énergique commissaire Cochon. La garnison ne comptait que 9 000 hommes inexpérimentés et indisciplinés, et le site de la place, dominé de toutes parts, offrait à la défense de très graves désavantages. — York, auquel fut adjoint le feldzeugmeister Ferraris, commandait le corps de siège fort de 30 000 hommes ; Cobourg, avec le même nombre, couvrait l'opération à Hérin. On choisit comme point d'attaque le front de Mons, situé à proximité du parc et où le terrain se prêtait aux travaux. Le 26 mai on enleva le faubourg de Marly et le 13 juin on ouvrait la première parallèle. Le bombardement commença bientôt, le jour contre les ouvrages, la nuit contre la ville. Le 20, l'arsenal brûlait et d'immenses dégâts étaient commis. Notre artillerie, très inférieure en force, répondait avec justesse et célérité au feu terrible de l'assiégeant, sans parvenir à l'empêcher de creuser une deuxième, puis une troisième parallèle. Dans la nuit du 25 juillet, après avoir fait sauter par la mine le saillant d'un des ouvrages, l'ennemi s'établissait dans le chemin couvert et la garnison découragée, abattue par les maladies et la chaleur, désespérant d'être secourue, commença à refuser de servir.

Depuis longtemps l'attitude de la population inquiétait Ferrand. De nombreuses insurrections avaient éclaté. Celle du 26 juillet fut décisive ; la garnison se prononça pour le peuple et Ferrand, sommé par le duc d'York, rendit la place le 28 juillet avec les honneurs de la guerre. Malheureusement il avait stipulé qu'il n'en sortirait que le 1er août et ses quatre jours donnèrent lieu à des scènes scandaleuses qui achevèrent la décomposition morale des troupes réduites à 5 000 hommes (1).

Comme celle de Mayence, la capitulation de Valenciennes

(1) La ville avait reçu 152 000 projectiles.

excita en France la surprise et l'indignation et Cochon ne sut pas, comme Merlin, faire rendre justice aux défenseurs de la place. Ferrand et Tholozé furent emprisonnés et ne recouvrèrent la liberté que le 9 thermidor.

### §4. — L'ŒUVRE MILITAIRE DE LA CONVENTION.

**Le Comité de salut public.** — La Convention n'avait pas attendu nos derniers désastres pour compléter et réorganiser l'armée, mais ceux-ci allaient être le signal d'un redoublement d'activité et d'énergie dans le domaine des réformes militaires. Le premier Comité de salut public, ou *Comité de Danton*, élu le 16 avril 1793, avait été un organisateur plus qu'un exécutant; il avait su créer la machine de guerre, mais s'était montré impropre à la manœuvrer. Le second Comité, ou *Comité de Robespierre*, élu le 10 juillet et composé de Jacobins ardents (1), fut plus énergique. Repoussant toute idée de négociations, il décréta la guerre à outrance, commença par « patriotiser » l'armée, en y détruisant, avec une rigueur impitoyable, tous les souvenirs de la monarchie et lui communiqua par sa farouche résolution, l'impulsion qui lui manquait (2). Le ministre Bouchotte fut son homme. Intègre, nullement ambitieux, serviteur actif et infatigable, administrateur remarquable, mais manquant de prestige par sa simplicité, Bouchotte fit ce qu'il put, au milieu de difficultés sans nombre. Son seul tort fut de livrer les bureaux de la guerre aux ultra-révolutionnaires, mais quand il tomba, au 9 thermidor, l'armée était reconstituée.

**Recrutement** (3). — Les succès qui avaient terminé la campagne de 1792 et porté la guerre sur le territoire ennemi avaient eu pour résultat la désertion en masse des volontaires que les craintes d'invasion ne retenaient plus et qui estimaient

---

(1) Formé d'abord de 9 membres, il s'adjoignit, le 14 août, pour la guerre, Carnot et Prieur, tous deux officiers du génie, qui furent chargés, l'un du personnel et des opérations, l'autre du matériel.

(2) Nous nous rangeons sur ce point à l'avis de M. CHUQUET plutôt qu'à celui de M. DE SYBEL (*l'Europe et la Révolution française*, II, 303 et seq.).

(3) Voir un excellent résumé de l'état de l'armée pendant la Révolution dans KREBS et MORIS: *Campagnes dans les Alpes*, I, 27 et seq.

leur rôle fini. « Pour combler ces vides, la Convention, appliquant le décret du 21 août précédent (1), avait mis en réquisition 300 000 gardes nationaux (20 février 1793). Cette levée devait porter sur les hommes de 18 à 40 ans, célibataires ou veufs sans enfants ; le gouvernement se contenta de fixer, proportionnellement à la population, le contingent à fournir par commune, laissant aux autorités locales toute liberté pour désigner les individus. C'était retomber fatalement dans l'arbitraire et dans des abus analogues à ceux dont était entaché, sous l'ancien régime, le mode de recrutement des milices provinciales (2). Aussi cette première réquisition produisit-elle à peine 200 000 hommes, dont la plus grande partie fut employée à l'intérieur ; les renforts envoyés aux frontières furent complètement insuffisants (3). »

Mil sept cent quatre-vingt-treize fut l'année critique. Les revers sur les frontières, les rébellions à l'intérieur mettant la République dans le plus grand péril, la Convention, sur la proposition de Carnot, décréta : « Tous les Français sont en réquisition permanente jusqu'à l'expulsion de l'étranger du sol de la République... Les citoyens non mariés de 18 à 25 ans partiront les premiers...» (23 août). La mesure ne fut appliquée qu'à ces 7 classes et donna environ 450 000 recrues. Les autres restaient dans leurs foyers, à la disposition du gouvernement, pour être appelées suivant les besoins ou être employées, d'après le métier de chacun, dans les arsenaux, les ports, les ateliers de confections

---

(1) Voir Chap. I, p. 64.

(2) Les municipalités envoyèrent des malingres, des boiteux, jusqu'à des sourds-muets.

(3) *Cours de Saint-Cyr*. La France entretenait alors 9 armées :

| | | | | |
|---|---|---|---|---|
| 1º Armée | du Nord, | Dumouriez, | quartier général | Bruxelles. |
| 2º — | des Ardennes, | Valence. | — | Sedan. |
| 3º — | de la Moselle, | Beurnonville, | — | Metz. |
| 4º — | du Rhin, | Custine, | — | Mayence. |
| 5º — | des Alpes, | Kellermann, | — | Grenoble. |
| 6º — | d'Italie, | Biron, | — | Antibes. |
| 7º — | des Pyrénées, | Servan, | — | Perpignan. |
| 8º — | des Côtes, | Labourdonnaye, | — | en Bretagne. |
| 9º — | de réserve, | Berruyer, | — | dans l'intérieur. |

militaires (1). C'est ce qu'on a appelé la *levée en masse*.

Dès lors se trouva posé le principe de l'obligation pour tous les citoyens de mettre leur personne et leurs biens à la disposition de la patrie : la guerre prit un *caractère national*. A la fin de l'année la France pouvait opposer à l'ennemi près d'*un million* d'hommes (2).

**Organisation. — L'amalgame** (3). — L'armée de 1792 et de 1793 présentait un assemblage hétérogène des éléments les plus divers, troupes de lignes, bataillons de volontaires, légions, compagnies franches, aussi différents par l'uniforme que par l'organisation. La Convention eut le mérite de faire cesser ce chaos et de donner à nos forces militaires l'unité et la cohésion qui leur manquaient.

L'acte principal et décisif de son œuvre fut la fusion, depuis longtemps réclamée, des bataillons de volontaires avec les troupes de ligne. Cette excellente mesure mettait fin aux rivalités d'uniforme, fournissait des cadres excellents à des corps peu disciplinés et infusait aux vieux régiments le bénéfice d'un sang nouveau. La loi du 21 février 1793 remplaça dans l'infanterie le nom de *régiment* par celui de *demi-brigade*. Chaque demi-brigade de ligne dut se composer de *3 bataillons* (4),

(1) La réquisition fut étendue à tout ce qui était propre à la guerre ou utilisable pour les besoins de l'armée, chevaux de selle, animaux de trait, matériel, outillage, immeubles, matières premières.

(2) Quoique amenés sous les drapeaux *par la réquisition*, les gardes nationaux de l'appel partiel de février et ceux de la levée en masse d'août 1793 bénéficièrent de la dénomination de *volontaires*, comme ceux qui s'étaient enrôlés spontanément en 1791 et 1792. Si la levée en masse fut acceptée avec le plus grand patriotisme, il n'en fallut pas moins la provoquer et édicter les peines les plus sévères contre les réfractaires. Les vrais *volontaires* ne sont donc que ceux de 1791 et de 1792. — Néanmoins la levée de 1793 fournit des troupes de qualité très supérieure, sinon à celle de 1791, du moins à celle de 1792. Non seulement elle fut mieux organisée et les recrues mieux instruites, mais le régime de Terreur, qui régnait alors sur le pays, poussa à la frontière tous les bons citoyens, de quelque opinion qu'ils fussent. Ce régime, joint à l'éclat des victoires remportées, en suscitant de nombreux engagements volontaires, permit de maintenir les armées à l'effectif nécessaire *jusqu'en 1798, sans avoir recours à de nouvelles levées*.

(3) Ces renseignements sont tirés du *Cours de Saint-Cyr*, complété avec Krebs, et Moris et Dussieux.

(4) L'organisation en 3 bataillons est une innovation qu'il importe de remarquer.

provenant de l'amalgame de 2 bataillons de volontaires et d'un bataillon de l'ancienne armée. Les légions et les corps francs, réunis aux bataillons de chasseurs, servirent à la formation de demi-brigades d'infanterie légère (1). — L'effectif complet de la demi-brigade était de 2 400 hommes environ ; le bataillon fort de 720 hommes, se décomposait en 8 compagnies de fusiliers (de chasseurs dans l'infanterie légère) et 1 de grenadiers (de carabiniers, armés de carabines rayées, dans l'infanterie légère); la réunion de 2 compagnies formait 1 *division*. Une compagnie de canonniers, servant 6 pièces de 4, était affectée à chaque demi-brigade (2). — Dès le mois d'août le Comité compléta la fusion en supprimant, non sans protestations, l'uniforme blanc de l'armée de ligne pour lui donner l'habit bleu des volontaires.

Cette organisation une fois terminée devait donner pour l'infanterie 226 demi-brigades de ligne (ou *de bataille*) et 32 demi-brigades légères. Mais, en réalité l'amalgame comprenait deux séries d'opérations :

*L'encadrement*, ou répartition des bataillons de réquisition dans les anciens bataillons de volontaires ou de ligne ;

*L'embrigadement*, ou réunion d'un bataillon de ligne et de deux bataillons de volontaires.

La loi du 21 février, complétée par celle du 12 août, ne réglementait que l'embrigadement, qui, rationnellement, devait venir en dernier lieu. La première opération, l'encadrement, ne fut réglée que par le décret du 8 janvier 1794 et les essais d'embrigadement, commencés dès la fin de l'année 1793, nécessitèrent, à l'arrivée des nouvelles levées, des remaniements complets, qui ne furent guère terminés qu'en avril 1794. Ce premier amalgame ne donna que 198 demi-brigades de ligne, 15 demi-brigades légères et 15 demi-brigades composées uniquement de volontaires (3).

(1) Le chiffre des bataillons de volontaires étant supérieur au double de celui des bataillons de ligne, il y eut nécessairement des demi-brigades (une quinzaine) composées seulement de volontaires.

(2) Pour conserver la proportion de 2 pièces par bataillon. Ces canonniers ne font pas partie du corps de l'artillerie : ce sont des fantassins spécialement instruits.

(3) L'opération fut reprise en 1795, après le 9 thermidor, et donna 209 demi-

Des changements eurent lieu dans la hiérarchie. La dignité de maréchal fut supprimée ; le lieutenant général devint général de division ; le maréchal de camp, général de brigade ; le colonel, chef de brigade ; le lieutenant-colonel, chef de bataillon ; le grade de major fut supprimé et on créa deux autres chefs de bataillons par demi-brigade. De cette époque datent les adjudants-officiers.

La cavalerie conserva son ancienne organisation ; le nombre seul des régiments fut modifié dans le sens de l'extension de la cavalerie légère ; la cuirasse fut supprimée. En 1794 il existait :

29 régiments de cavalerie proprement dite...... } à 4 escadrons.
20    —    de dragons......................... }
25    —    de chasseurs...................... } à 6 escadrons.
11    —    de hussards (1)................... }

L'escadron comprit environ 200 chevaux et se subdivisa en deux compagnies ; le plus ancien capitaine de compagnie commandait l'escadron. Les dragons avaient pour armes un sabre et un fusil ; les autres cavaliers avaient le mousqueton, le pistolet et le sabre.

L'artillerie reçut par la loi du 7 mai 1795 la composition suivante :

8 régiments à pied à 20 compagnies.
9    —    à cheval à 6    —    (2).
1 bataillon de pontonniers (3).
12 compagnies d'ouvriers.

La compagnie à pied servit toujours une *division* (ou batterie) de 8 pièces (6 canons, 2 obusiers), la compagnie à cheval une

brigades de ligne et 42 légères. Mais si le nombre des corps augmenta, les effectifs diminuèrent dans une proportion ridicule, ce qui nécessita de la part du Directoire un 2e amalgame (janvier 1796). Un 3e et dernier amalgame eut lieu en 1803 et constitua la Grande Armée.

(1) En 1796 on réduisit le nombre des régiments de cavalerie proprement dite à 27 et on porta à 59 celui des régiments des autres armes, ce qui donna un total de 90 000 cavaliers.

(2) La loi du 7 mai 1796 organisa l'artillerie à cheval en 8 régiments à 20 compagnies.

(3) Un second fut créé en 1799.

division de 6 pièces (4 canons, 2 obusiers); le matériel resta celui de Gribeauval (1).

Ce matériel n'étant pas organisé pour transporter les servants sur les coffres, les déplacements de l'artillerie à pied ne pouvaient se faire qu'au pas. C'est ce manque de mobilité qui avait motivé l'adjonction de 6 pièces à chaque demi-brigade d'infanterie, afin d'être certain de ne jamais laisser l'infanterie sans canon. Mais la difficulté de former rapidement des canonniers et le manque de pièces firent partir en campagne beaucoup de demi-brigades sans leur artillerie. On put sans inconvénients la réduire de moitié (1795), puis la supprimer tout à fait (1796), lorsque, par l'extension de l'artillerie à cheval, on eut acquis le moyen de transporter rapidement des batteries d'un point à un autre. Les pièces de bataillon devaient reparaitre en 1809 et 1812, quand les masses d'infanterie s'accrurent démesurément, et que la jeunesse des troupes fit sentir la nécessité de leur procurer l'appui immédiat et stable des canons.

Le génie reçut des *troupes spéciales*. La loi du 23 décembre 1793 créa 12 bataillons de sapeurs, à 8 compagnies, et retira à l'artillerie les 6 compagnies de mineurs. — De cette époque également (1794) data la première utilisation des ballons captifs à la guerre; on créa à cet effet 2 compagnies d'aérostiers; elles furent supprimées sous le Consulat.

L'ancien corps des *commissaires des guerres* resta chargé des services administratifs et du contrôle de la gestion des corps de troupes. En 1800 cette dernière branche lui fut enlevée et confiée aux *inspecteurs aux revues*.

Quant aux états-majors, ils continuèrent à se recruter au moyen d'officiers tirés des corps de troupes et astreints à y rentrer pour avancer (adjudants généraux, adjoints, aides de camp). Des officiers du génie et des ingénieurs géographes étaient plus spécialement chargés des reconnaissances et du lever des cartes. Enfin trois représentants du peuple furent

(1) Voir *Introduction*, p. 48.

attachés à chacune des armées pour surveiller les généraux et les entraîner à une activité sans relâche.

**Avancement.** — La loi du 21 février 1793 étendit à toute l'armée le mode d'avancement *à l'élection* qui existait dans les bataillons de volontaires, en le combinant avec l'avancement *à l'ancienneté* de grade ou à l'ancienneté de service.

Le grade de caporal s'obtenait à la majorité des suffrages des hommes de la compagnie ; les grades suivants, jusqu'à celui de chef de brigade (colonel), se donnaient 1/3 à l'ancienneté et 2/3 à l'élection des inférieurs. Le chef de brigade était choisi alternativement à l'ancienneté de grade et à l'ancienneté de service parmi les chefs de bataillon de la demi-brigade.

Les généraux étaient nommés 1/3 à l'ancienneté et 2/3 *au choix* du ministre. Les généraux en chef étaient pris parmi les divisionnaires et ne recevaient, comme aujourd'hui, qu'une commission temporaire.

Ce système ne fonctionna pas longtemps. Dès 1795, la Convention se réserva 1/3 des nominations au choix, dans tous les grades, pour récompenser les actions d'éclat. Le Directoire se chargea, en 1796, de pourvoir à tous les emplois d'officiers supérieurs et enleva peu à peu aux corps le droit d'élection aux autres grades.

La Convention créa en 1794 l'École polytechnique d'où devaient sortir en grande partie les officiers des armes spéciales. Une École d'application d'artillerie fut installée à Châlons ; celle du génie fut transférée de Mézières à Metz.

En outre la Convention réorganisa l'administration des corps de troupes, établit les conseils de guerre et soumit l'armée fusionnée à une discipline sévère. Quand elle se sépara, le 30 octobre 1795, l'œuvre de réorganisation *pouvait être considérée comme terminée :* le Directoire et l'Empire n'y apportèrent que des modifications de détails (1).

(1) Voir, pour l'admirable concours que la science apporta à cette réorganisation de l'armée (fabrication de la poudre et des armes), DUSSIEUX, II, 388.

## 5. — LA TACTIQUE ET LA STRATÉGIE NOUVELLES.

**Tactique**. — Le mode d'emploi de la troupe resta le même qu'en 1792, l'esprit de liberté se prêtant merveilleusement à son application. Mais le seul fait de l'amalgame, en augmentant la cohésion et la solidité de l'infanterie, permit de régulariser l'usage des tirailleurs, dont l'abus entraînait souvent la confusion,

et de généraliser l'emploi des colonnes. La colonne double par divisions des guerres de la Révolution eut, d'ordinaire, des distances égales au quart du front et se forma

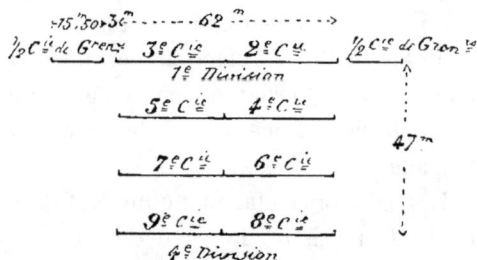

suivant le dispositif ci-contre, la compagnie de grenadiers du bataillon (portant le numéro 1) par moitié sur les ailes, chaque compagnie formée sur 3 rangs (1).

Si la tactique de détails ne subit pas de modifications essentielles, l'extension des effectifs et le dénûment des troupes apportèrent à la tactique générale des changements profonds. Faute de matériel, nos armées renoncent à camper et doivent cantonner ou bivouaquer. L'officier subalterne marche à pied et porte son bagage et les longues colonnes encombrant les derrières disparaissent. Faute d'argent, le système des magasins est abandonné et l'on doit vivre par réquisitions sur le pays, ce qui amène souvent le pillage et le désordre, mais ce qui donne à nos troupes une mobilité extrême en face des armées de la coalition qui continuent à vivre sur leurs magasins. Le passage des armées constituant une lourde charge, on cherche à les faire vivre sur le territoire ennemi et l'offensive, si propre au caractère national, devient une nécessité.

(1) Lors de la création d'une 2e compagnie d'élite (voltigeurs), en remplacement de la 2e compagnie de fusiliers (1803), les grenadiers durent se former à droite, en première ligne, et les voltigeurs à gauche; le front total s'accrut du front d'une compagnie, soit 31 mètres.

Mais une armée rassemblée trouverait difficilement à vivre de réquisitions, surtout à la traversée de pays peu productifs. On est donc conduit à la diviser, à créer des *divisions d'armées*, s'administrant séparément (division autonome) et comprenant, non plus une seule arme comme autrefois (réponse à une idée tactique), mais les trois armes, c'est-à-dire constituées *pour vivre et opérer isolément*. L'armée devant vivre d'autant plus facilement qu'elle sera mieux répartie, on cherche pour la division l'*effectif minimum* à réunir pour permettre l'accord complet des trois armes. Sa composition normale est :

> 4 demi-brigades d'infanterie (12 bataillons).
> 2     —     de cavalerie (8 à 12 escadrons).
> 2 compagnies d'artillerie (1 à pied et 1 à cheval).

Soit 10 à 12 000 hommes et 38 pièces y compris les canons des demi-brigades. L'état-major se compose d'un adjudant-général, 2 adjoints, 1 ou 2 officiers du génie et un commissaire des guerres.

« L'unité divisionnaire ainsi créée pour satisfaire *à des nécessités d'ordre administratif* va devenir le point de départ d'une révolution *imprévue* dans l'art des opérations et des batailles (1). » Cinq ou six de ces divisions formeront une armée, dont les colonnes vont pouvoir s'espacer pour la marche jusqu'à plusieurs journées les unes des autres et converger ensuite sur le champ de bataille, auront tous les éléments nécessaires pour soutenir le combat avec leurs seules ressources, et garderont, avec leur liberté de mouvement, l'initiative nécessaire pour faire face à des éventualités non prévues. Le front de combat se formera naturellement au moyen des divisions les plus proches de l'ennemi, tandis que le général en chef réservera l'action des divisions les plus éloignées. Chacune des premières, sans chercher à brusquer la décision, fera de la tactique de détail, s'en remettant aux autres pour frapper le coup décisif. Chacune de ces dernières deviendra une *force emmagasinée*, capable de mener à elle seule une action complète, d'immobiliser pendant un certain temps une force double ou triple, ou de l'attirer dans

---

(1) Colonel BONNAL, *Cours de l'École de Guerre.*

une direction choisie. La cavalerie, répartie entre les divisions, cessera d'agir par masse, mais commencera à apprendre l'exploration et le service d'avant-garde. L'artillerie, d'abord disséminée aussi, sera peu à peu groupée à mesure que diminueront les pièces de bataillon. « Dès lors la bataille cesse d'être un acte global, unique, brusqué, pour se scinder en phases successives, où les efforts se nuancent, se modulent, se combinent suivant les éventualités diverses, et se fondent enfin dans une attaque générale, dont les divisions de deuxième ligne, c'est-à-dire les *réserves*, viennent donner l'impulsion (1). »

La tactique française allait donc prendre *par la force des choses* son développement naturel contrarié depuis longtemps. Aux formations systématiques de l'époque précédente on opposait des formations plus libres et plus mobiles, basées sur l'emploi raisonné des feux, le sentiment de la valeur des masses agissantes, l'utilisation intelligente du terrain, la perception plus nette du but à atteindre et des moyens à employer. Toutefois le principe divisionnaire présentait un écueil contre lequel on ne sut pas immédiatement se défendre : l'éparpillement des forces. Les chefs des différentes armées, fortes de 30 ou 40 000 hommes, qui agissaient sur un même théâtre, recevaient directement leurs instructions de Paris. L'unité de commandement sur un même théâtre, par suite l'unité d'action n'existaient pas, et l'adoption du système des divisions vint, dans chaque armée, « exaspérer » ce défaut d'ensemble. L'obligation de s'étendre pour vivre, la manie des mouvements débordants, l'inexpérience des états-majors dans le maniement des masses et le service des liaisons, l'absence d'un règlement sur les marches, surtout l'esprit d'indépendance des généraux de l'époque, firent des rencontres des premières guerres, des séries de petits combats isolés plutôt que de véritables batailles. Dans ces combats, l'esprit d'offensive et l'entrain suffirent souvent pour donner l'avantage à nos troupes sur des adversaires qui n'avaient aucune de ces qualités. De plus, les divisionnaires y apprirent

(1) C. ROUSSET, *l'Art de Napoléon*. (*Revue de Paris*, 1er octobre 1897.)

12

la guerre, les divisions acquirent une valeur propre qui contribua puissamment au progrès général. Mais la cohésion manquait, et, dès 1797, Hoche, Moreau, Bonaparte abandonnaient cette organisation pour reprendre celle de 1788 des divisions d'armes (infanterie ou cavalerie).

**Stratégie.** — Ce qui contribua surtout à nos succès, ce fut le système de guerre de nos ennemis, qui ne changèrent rien d'abord aux anciens errements. Après les avoir imités dans les premières guerres, moins par système raisonné que par absence de système, et s'en être tenu en stratégie et en tactique à la lutte parallèle, au système de cordon, l'absence de résultats décisifs dans des circonstances critiques nous conduisit à *l'action par masses* sur certains points importants. Le principe de l'économie des forces se révéla en tactique à Wattignies, en stratégie dans cette campagne de 1793 (1). Il fut presque le résultat du hasard et la doctrine nouvelle mit du temps à se préciser. Si Carnot y a attaché son nom, il n'eut, comme on le verra, d'autre mérite (et cela suffirait à sa gloire) que de mettre à exécution des idées qui hantaient depuis longtemps les états-majors (2). Ce qui lui appartient en propre c'est la mobilisation et l'organisation des forces énormes levées par la Convention. Malgré des difficultés de tous genres, il sut doter les 14 armées de la République des cadres, des munitions et du matériel nécessaires, et à ce titre il est bien « l'Organisateur de la Victoire ».

Le nom de Carnot domine et résume l'œuvre militaire de la Convention ; mais il serait injuste de ne pas lui associer celui du ministre de la Guerre Bouchotte, dont l'incroyable puissance de travail servit si puissamment l'exécution des plans du Comité, celui de Dubois-Crancé, qui eut le mérite de l'initiative de presque toutes les grandes mesures prises par l'assemblée, comme le service obligatoire et l'amalgame (3), enfin ceux des

(1) Et non de 1794, comme on l'admet d'ordinaire ; mais il s'affirma victorieusement dans cette dernière par la belle manœuvre de Fleurus.

(2) Voir *Mémoires sur Carnot*, par son fils, I, 391. — Ces idées étaient en germe dans les écrits de GUIBERT et de BOURCIER, comme nous le verrons à propos de l'Éducation militaire de Bonaparte (Campagne de 1796).

(3) Voir l'ouvrage du colonel JUNG sur Dubois-Crancé. La critique sévère et

savants d'élite, Monge, Berthollet, Fourcroy, Guyton de Mor-
veau, Chaptal, Dartigues, Clouet qui trouvèrent le moyen
d'extraire le salpêtre du sol, de le raffiner en quelques jours, de
fabriquer rapidement la poudre, d'extraire le soufre du sulfure
de fer, de fondre et forger le fer et l'acier, qui armèrent en un
mot les soldats levés par Carnot et organisés par Bouchotte.
Tous méritèrent bien de la patrie.

Le principe de l'*action par masses* admis peu à peu, il ne
restera plus qu'à chercher les *directions* les plus favorables pour
les faire agir dans l'espace et dans le temps, et à calculer l'*effectif*
de ces masses d'après le but à atteindre et les difficultés à sur-
monter : ce sera la guerre napoléonienne, la guerre d'aujourd'hui.

## III

## LA CAMPAGNE DE FLANDRE

### A. — LES OPÉRATIONS DE HOUCHARD.

#### § 1. — L'EXPÉDITION DE DUNKERQUE.

**Houchard**. — Houchard avait six pieds de haut, le visage
défiguré par quatre blessures, des manières âpres, peu ou point
d'instruction (1). Son intrépidité l'avait élevé au premier rang,
mais ce n'était qu'un sabreur qui n'entendait rien aux grandes
opérations (2), et ce fut à son corps défendant qu'il quitta l'armée
de la Moselle pour l'armée du Nord. Il demanda et obtint pour
le seconder Gay-Vernon, l'ancien inspirateur de Custine, et
Berthelmy, ancien ingénieur des ponts et chaussées lancé par
la Révolution dans les états-majors, à qui il confia la direction
du sien.

Les circonstances étaient critiques. L'armée, qui comptait à
peine 40 000 hommes, était découragée et laissait renaître l'in-

méritée qu'en a faite M. A. Duruy (*Études militaires sur la Révolution et l'Empire*)
atteint surtout l'homme politique, sans méconnaître la netteté de vues dont le
soldat fit preuve en matière de recrutement et d'organisation, ses talents d'administrateur, et sa réelle prescience des fondements de l'armée moderne.

(1) Il était né à Forbach, en 1738, et avait été blessé plus de soixante fois.

(2) Voir les *Mémoires* de Soult, I, 33.

discipline, depuis le départ de Custine. Elle manquait de cavalerie et d'artillerie, surtout de chefs. — Le gouvernement était
aux abois. Lyon et Marseille se soulevaient, Toulon allait appeler
les Anglais, les « insurgents », de Vendée remportaient des victoires, la retraite de l'armée du Nord ouvrait à Cobourg le chemin de Paris, et sa cavalerie ravageait la contrée jusqu'à Laon.

Heureusement les alliés se divisaient. Cobourg se refusait à
tout mouvement malgré les instances de Mercy, gouverneur des
Pays-Bas, et le danger de Marie-Antoinette. Les Anglais, qui
n'avaient prêté leur concours que pour s'emparer de Dunkerque,
en réclamaient l'attaque immédiate, et, malgré les instances de
Cobourg, marchaient sur la place le 10 août, au nombre de
37 000 hommes, dont 15 000 Impériaux. Les Prussiens, accu-
sant Cobourg de n'avoir pas tenu ses engagements (1), le
quittaient également le 23 pour marcher sur Trèves, et Cobourg
dut les faire relever, de Marchiennes à Cysoing, par un corps
de 8 000 hommes sous Beaulieu. Enfin les Hollandais, récla-
mant déjà des accroissements territoriaux qu'on leur refusait,
se refroidissaient manifestement. Ces dissentiments allaient
sauver la France.

**La marche de York**. — Dès son arrivée Houchard avait
chargé Romanet (3 000 hommes) de se fortifier à Mons-en-
Puelle (2), et Jourdan, avec une division mobile (7 000 hommes)
de surveiller l'ennemi entre Douai et Lille. Il avait concerté
avec Carnot une expédition sur Nieuport et Ostende et une
diversion sur Menin, quand la nouvelle de la marche d'York
sur Dunkerque vint modifier ses projets.

Celui-ci avait lentement atteint Menin (3) après avoir soutenu à Linselles (18 août) un combat inutile et sanglant (4)
contre les troupes du camp de la Madeleine. A partir d'Ypres,

(1) D'après le plan élaboré à Francfort au début de la campagne, Cobourg
devait fournir 15 000 hommes à l'armée du Rhin après la conquête des Pays-Bas :
il n'en avait envoyé que 6 000.

(2) Voir le croquis n° 16.

(3) Il mit 9 jours à faire 14 lieues.

(4) Il coûta 2 000 hommes aux deux partis. Les Hollandais l'avaient engagé pour
couvrir la marche des Anglais, puis avaient été repoussés : York dut les appuyer.

deux routes conduisaient à Dunkerque, celle de Furnes qui avait l'avantage de relier les Anglais à leur flotte, et celle de Bergues, plus directe. Elles étaient séparées à cette époque par les marais de la grande et de la petite Moëre, longs de 6 kilomètres. York prit la première avec 22 500 hommes et poussa Freytag sur la seconde avec le corps austro-hanovrien (14 500 hommes). Le 21 août l'avant-garde de ce dernier culbutait à Oost-Cappel et à Rexpoëde 3 bataillons de volontaires qui ne se gardaient pas, leur faisait perdre 300 hommes et 11 pièces et sommait Bergues le lendemain. Le 24, Jourdan la chassait de Wormhoudt, mais reperdait le village le 25, et Freytag, chargé de couvrir le siège de Dunkerque, s'établissait en avant de Bergues, la droite (Wallmoden) au canal, vers Warhem, le centre derrière l'Yser, entre Wilder et Bambecque, avec une avant-garde à Wormhoudt, la droite (Linsingen) échelonnée de Rousbrugge à Ypres. Il avait à peine 10 000 hommes sous la main.

Le 23, York avait paru devant Dunkerque.

La position de l'armée anglo-hanovrienne était déplorable. Les inondations tendues autour de Dunkerque et de Bergues empêchaient le blocus de ces places. York, ne pouvant attaquer la première que par l'est et ne disposant que d'une étroite bande de sol entre les Moëres et la mer, était pris comme dans une souricière si les Français s'emparaient de Furnes. Freytag, le dos au canal de Bergues, séparé d'York par les Moëres, obligé de s'étendre jusqu'à Ypres, ne pouvait investir Bergues et était trop faible pour couvrir le siège de Dunkerque.

L'état-major français avait résolu d'en profiter.

### § 2. — LA MANŒUVRE D'HONDSCHOOTE.

**Le plan.** — Les progrès d'York avaient vivement inquiété Houchard. Il avait de suite envoyé des renforts dans le nord et prescrit à Jourdan de s'y rendre pour rétablir les affaires. Celui-ci s'était emparé des écluses à Watten, sur l'Aa, avait fait tendre les inondations et jeté des bataillons à Gravelines, Bergues et Dunkerque. Le 27, Houchard le rappelait.

La faute commise par les alliés en se séparant, à laquelle l'état-major français refusait d'abord de croire, se confirmant, celui-ci résolut de les assaillir successivement. Ce fut le chef d'état-major de Houchard, l'actif et intelligent Berthelmy, qui conçut et proposa l'opération (22 août). Tandis qu'un corps de 20 000 hommes contiendrait Cobourg et un autre de même force Freytag, une masse de 50 000 hommes, rassemblée devant Lille, devait se jeter sur les Hollandais, les écraser, et, par Furnes, envelopper York. Le plan était simple et grand et marquait une *révolution dans l'histoire de la stratégie :* l'action par masses remplaçait le système de cordon. L'idée n'appartenait pas à un seul homme ; tous, commissaires, représentants, généraux, l'entrevoyaient depuis le début de la crise : attaquer et attaquer en masse était le *schibboleth* des camps (1).

Le second Comité avait eu le mérite, sur les instances de Berthelmy, d'adopter le plan inspiré autrefois à Custine par Gay-Vernon (2) et de faire refluer vers le Nord toutes les forces disponibles. On réduisit au service d'ordre les garnisons des places, on décida de tirer des armées de la Moselle et du Rhin 9 000 hommes (23 juillet), puis 10 000 (1er avril), puis 30 000 (8 août), qui durent être transportés en poste (3). On était prêt à agir en grand.

Dans un conseil de guerre tenu à Cassel le 25 août, l'adjudant général Ernouf avait proposé de se jeter tout droit sur Freytag et de gagner directement Furnes ; mais le plan de Gay-Vernon, analogue à celui de Berthelmy, d'écraser d'abord les Hollandais et d'envelopper d'un coup Freytag et York en marchant de Menin sur Furnes et Ostende, fut adopté.

Les forces s'organisèrent. La division de Maubeuge, opposée à Cobourg, fut portée à 30 000 hommes, sous Ferrand. Davaine resta à Gavrelle avec 7 000 hommes ; l'armée des Flandres compta 20 000 hommes. Enfin 45 000 hommes destinés à

(1) CHUQUET, XI, 157.
(2) Voir p. 149.
(3) Ce transport, qui coûta 5 millions, fut mal organisé, harassa les troupes, et ne fit presque rien gagner en célérité ; 8 000 hommes restèrent sur la Sarre et l'envoi se réduisit à 22 000 hommes.

frapper le coup décisif se rassemblèrent à Lille. Cette armée comprit 6 divisions :

| | | |
|---|---|---|
| Corps indépendant : | Vandamme............... | 3 600 hommes. |
| Avant-garde : | Hédouville............... | 10 000 — |
| Corps ( centre : | Jourdan ............... | 10 000 — |
| de { droite : | Dumesny............... | 9 000 — |
| bataille. ( gauche : | Landrin ..... .......... | 6 000 — |
| Réserve : | Leclaire............... | 4 000 — |
| | | 42 600 (1) — |

Houchard forma ses divisions à 2 brigades et leur donna pour la première fois les trois armes ; des règlements fixèrent le service de la cavalerie, des marches et des campements ; des pelotons de tirailleurs d'élite (64 hommes par bataillon) furent organisés ; de sévères ordonnances punirent l'abandon des pièces et un tribunal militaire suivit l'armée, à laquelle deux représentants énergiques, Levasseur et Delbrel, durent communiquer l'impulsion ; des caissons, des objets de campement et 10 millions en numéraire assurèrent l'approvisionnement des troupes.

**Les préliminaires.** — Le 28 août, le rassemblement n'étant pas tout à fait terminé, on tâta les Hollandais à Werwicq, Lannoy, Roncq et Tourcoing. On fut vainqueur sur ce dernier point, mais les troupes se dispersèrent pour piller et on dut les ramener en arrière. L'aspect de ce désordre refroidit Houchard ; d'autre part Bouchotte et Carnot le pressaient de secourir Dunkerque vivement menacé. A la suite d'un nouveau conseil de guerre tenu à Douai le 30 août, on résolut de courir au plus pressé et *de revenir au plan d'Ernouf* en attaquant Freytag. Ce projet ne valait pas l'autre, car à moins d'une diligence extraordinaire, que l'inexpérience des troupes permettait peu d'espérer, on laissait à York la faculté de se retirer. Malgré les regrets de Carnot on s'y tint et l'armée d'invasion dut se rassembler à Cassel.

Le pays où elle allait s'engager était très plat, très coupé et sillonné d'une foule de cours d'eau et de canaux. Les grandes routes pavées étaient bonnes, mais les chemins de traverse im-

(1) Deux mille cinq cents hommes durent former les garnisons de Lille et de Cassel.

praticables. L'artillerie et la cavalerie n'y pouvaient rendre de grands services. — L'armée de Houchard était ardente, mais neuve et indisciplinée, les officiers peu instruits, son chef hésitant et indécis, les généraux, sauf Gay-Vernon, Berthelmy et Jourdan (1), affolés par la pensée de leur responsabilité.

### § 3. — HONDSCHOOTE.

La série des combats, qui constitue la bataille d'Hondschoote, dura trois jours (6, 7 et 8 septembre). Le plan d'attaque, suivant les errements de l'époque, *divisait les forces au lieu de les masser.*

Dumesny (droite), partant de Bailleul, devait marcher sur Ypres ; Vandamme, partant du même point, devait prendre Reninghelst, puis rejoindre Hédouville ; celui-ci (avant-garde) devait s'emparer de Poperinghe et se rabattre sur Rousbrugge et Hondschoote ; Jourdan (centre) devait marcher sur Houtkerque, puis gagner la route d'Hondschoote à la suite d'Hédouville ; enfin Landrin (gauche), soutenu par Leclaire (réserve), ferait une fausse attaque sur Wormhout. En un mot, Houchard voulait s'emparer de la route de Bergues entre Proven et Ypres et déboucher au delà de l'Yser par Ost-Cappel.

**Journée du 6.** — Mais le plan subit des modifications. Dumesny, prétextant l'absence d'ordre écrit (2), reste à Bailleul. Hédouville gagne Ost-Cappel. Mais Jourdan, après s'être emparé d'Houtkerque, n'envoie que son avant-garde (Colaud, 3 000 h.) à Proven, et doit avec le reste (7 000 hommes) marcher sur Herzeele qui inquiète sa gauche (3). Après un violent combat il s'en empare, ainsi que de Bambecque. Houchard, devant l'heure avancée et la fatigue des troupes, veut en rester là. Sur les instances des représentants, il ordonne de pousser jusqu'à Rexpoëde où on s'installe à la nuit.

Freytag, après avoir repoussé l'attaque de Landrin vers Worm-

(1) Leclaire avait de l'énergie et du coup d'œil, mais une mauvaise santé.
(2) C'est Vandamme qui lui transmet l'ordre oralement.
(3) C'est Ernouf qui donne le conseil

hout, inquiet des progrès des républicains sur sa gauche, a rallié ses troupes à Wilder et s'est mis en marche le soir même vers Hondschoote, sur deux colonnes. Celle qu'il dirige prend la route de Rexpoëde (qu'il ne sait pas aux mains des Français), vient donner dans l'obscurité sur la cavalerie de Jourdan, est mise en déroute, et Freytag, blessé, est pris. Mais Wallmoden, instruit de l'échauffourée par les fuyards, dirige aussitôt la deuxième colonne sur Rexpoëde, assaille à l'improviste les Français qui, accablés de fatigue, se reposaient en toute sécurité, et les rejette sur Bambecque dans une affreuse panique.

Freytag est sauvé et la route d'Hondschoote est rouverte. Houchard ne parvient à rallier la division le lendemain matin qu'à Herzeele.

**Journée du 7**. — La journée du 7 est employée par Houchard à remettre l'ordre dans la division du centre. Hédouville laisse l'arrière-garde de Wallmoden se frayer un passage. Vandamme pousse jusqu'à Hondschoote, puis, refoulé par une charge à la baïonnette des Hanovriens, s'établit à Killem.

**Journée du 8**. — Le 8 se livre la bataille, que Wallmoden, remplaçant Freytag, a reçu l'ordre d'accepter. Il s'est établi en avant de Hondschoote, la droite au canal de Bergues, la gauche à Leysele, et a fait élever quelques redoutes. Une batterie de 12 pièces enfile la chaussée pavée de Killem; la cavalerie, inutile sur ce sol coupé, est en arrière.

Houchard a pris des dispositions d'attaque fort mauvaises. Dumesny, toujours à Bailleul, doit bombarder Ypres; Hédouville doit se porter d'Ost-Cappel vers Bergues et, s'il ne rencontre pas d'ennemis, revenir sur Leysele; Landrin, entré à Wormhout après la retraite de Freytag, doit aller à Dunkerque renforcer la garnison. Aucun d'eux ne fait rien d'utile, et Houchard se prive de la moitié de ses forces pour attaquer Wallmoden.

Au lieu de porter son effort sur la gauche mal appuyée de celui-ci, il fait une attaque parallèle : Colaud (3000 h.) à droite, Jourdan (7000 h.) au centre, Vandamme et Leclaire (8000 h.) à gauche. Wallmoden ne peut leur opposer que 9000 fantassins et 4000 cavaliers, ces derniers à peu près inutiles.

Le centre canonne Hondschoote et attend pour s'ébranler l'entrée en ligne de Colaud. Mais celui-ci, obligé à un grand détour, met deux heures à faire son mouvement, et les bataillons de Jourdan, impatients sous le feu, se dispersent d'eux-mêmes presque tous en tirailleurs. Une vigoureuse contre-attaque de l'ennemi les ramène. Déjà Houchard parle de retraite. Levasseur, Jourdan, Delbrel surtout, le remontent et pendant qu'il court à l'aile droite pour lui donner l'impulsion, Delbrel et Jourdan rallient le centre à l'abri d'une demi-brigade non encore dispersée et le reportent en avant. Mais l'infanterie ennemie le fait plier de nouveau, Jourdan, blessé, doit se retirer, et les affaires semblent très compromises, quand soudain la charge se fait entendre à la droite et à la gauche. Houchard accourt au centre avec les 500 chevaux du 17ᵉ de cavalerie et charge l'infanterie ennemie qui est enfoncée. Delbrel rallie les bataillons, les dirige sur la grande batterie qui est enlevée à midi, et pénètre dans Hondschoote malgré un dernier effort de l'ennemi, en même temps que Colaud à droite et que Leclaire à gauche. Le capitaine d'artillerie Scharnhorst s'y défend longtemps encore avec opiniâtreté pour laisser à l'armée le temps de s'écouler sur Furnes. Vers 2 heures, il bat en retraite en emmenant toutes ses pièces. Un régiment de cavalerie et un bataillon poussent seuls l'ennemi jusqu'à Houthem.

Houchard aurait dû poursuivre énergiquement son avantage. En marchant le soir même sur Furnes il rejettait au delà de l'Yser Wallmoden, qui avait perdu 2500 hommes et dont les soldats étaient harassés par la lutte, et coupait la retraite au duc d'York. De l'aveu même des ennemis, leur situation était critique. Mais satisfait de ses avantages, refroidi par l'échauffourée de Rexpoëde, Houchard, malgré les instances des représentants, refusa de s'avancer plus loin.

Ainsi se termina la bataille d'Hondschoote (1). L'idée excellente du débouché par Ost-Cappel sur Hondschoote avait été gâchée par une exécution décousue et menée sans résolution. Mais

(1) Elle coûtait aux Anglo-Hanovriens environ 6000 hommes, aux Français un peu moins.

Houchard pouvait encore jeter le 8 Wallmoden dans la Moëre en écrasant sa gauche : ses déplorables dispositions tactiques sauvèrent les Austro-Hanovriens, comme son arrêt après la bataille sauva York. La lutte était néanmoins honorable pour nos troupes. Malgré une grande confusion, la cavalerie et l'artillerie s'étaient distinguées, l'infanterie avait inauguré avec succès sur une grande échelle l'emploi des bandes épaisses de tirailleurs. Si cette victoire ne changea presque rien à la situation, son impression morale fut immense et Dunkerque fut délivré.

**Dunkerque**. — Le général Pascal de Kerenveyer, qui commandait à Dunkerque, n'ayant pas su gagner la confiance de la population, avait été destitué le 30 juillet et remplacé par O'Meara.

Le 22 août, York attaquait le camp de Ghyvelde et rejetait la garnison dans la place. Son armée comptait 21 000 hommes (1). Le 23, il sommait la place et le 24, après un violent combat, qui lui coûtait près de 400 hommes (2), s'emparait du faubourg de Rosendaël. Il commença de suite les travaux de siège sur les deux rives du canal de Furnes et établit 14 batteries.

Dunkerque trembla. O'Meara, accusé de mollesse par la municipalité, fut remplacé (26 août) par Souham, qui prit aussitôt d'énergiques mesures pour rassurer la population et réprimer l'indiscipline des troupes. Mais il témoigna un peu d'inquiétude sur le sort de la place et le Comité, décidé à remercier quiconque ne voudrait pas répondre de Dunkerque, le remplaça par Jacques Ferrand (5 septembre).

En même temps que Souham, avait été envoyé à Dunkerque comme chef d'état-major le jeune adjudant général Lazare Hoche. Il devint l'âme de la résistance et assura, malgré les changements de généraux, la cohésion des opérations. Son activité, sa bravoure, ses proclamations, sa confiance dans le succès lui gagnèrent les habitants et les soldats. D'ailleurs York.

---

(1) Avant-garde — d'Alton.
      1re ligne — Alvinczi (Autrichiens).
      2e    —    — Biela.
(2) Dont le général d'Alton.

ne pouvant investir Dunkerque que d'un côté, obligé de lutter contre les difficultés du sol et des inondations tendues par l'assiégé, attendant vainement l'arrivée d'une flotte anglaise et gêné par le feu des chaloupes canonnières embossées dans la rade, ne pouvait faire grand mal à la place. Les 6, 7 et 8 septembre d'assez vives attaques de la garnison lui coûtèrent un millier d'hommes. Il parvint à les repousser et à conserver ses lignes, mais inquiet des progrès de Houchard, il décampa dans la nuit du 8, abandonnant ses approvisionnements et sa grosse artillerie.

Une semaine plus tard l'état de siège était supprimé à Dunkerque et le pays tout entier fêtait avec enthousiasme la résistance de la place.

### § 4. — LA MANŒUVRE DE MENIN.

**Menin**. — York et Wallmoden s'étaient réunis à Furnes. Renonçant à les poursuivre avec tout son monde dans un pays très coupé, Houchard prit le parti de revenir au plan que lui avait indiqué Carnot et de se rabattre sur les Hollandais, puis sur le corps de Beaulieu à Cysoing, enfin sur Cobourg après avoir rallié toutes ses forces. Il resta deux jours à Hondschoote (1) pour contenir York et dépêcha immédiatement sur Menin les divisions Hédouville et Dumesny (20 000 hommes), qui durent attaquer Werwicq, tandis que Béru (5 000 hommes), venant de Lille, attaquerait Lannoy, Tourcoing, puis Halluin.

A la nouvelle d'Hondschoote le prince d'Orange avait voulu évacuer la dangereuse position de Menin, mais un ordre exprès de Cobourg l'avait obligé à y rester. Il disposait d'environ 13 à 14 000 hommes, dont 5 000 à Werwicq, 2 000 à Tourcoing, le reste à Gheluwelt, Courtrai et Mouscron. Beaulieu, chargé d'appuyer les Hollandais, avait une division de 6 000 hommes à Lauwe.

---

(1) Il porta une division sur Ypres et une autre sur Furnes. La première, après avoir canonné la ville, se replia sur Bailleul à l'approche de Wallmoden. La seconde (Vandamme) put entrer à Furnes après un court bombardement, York s'étant porté à Dixmude.

Une première attaque tentée le 12 septembre fut repoussée. Mais le 13, les divisions françaises remportaient une victoire complète. Werwicq, Halluin furent enlevés. Des secours (4 bataillons et 4 escadrons), envoyés par le prince d'Orange, furent écrasés près de Gheluwelt et Beaulieu, refusant d'englober ses troupes dans la défaite des Hollandais, se contenta de prendre position à Dadizeele, sur le flanc des républicains. Orange, outré de colère et de désespoir, rallia à Courtrai et à Rousselaere ses détachements et ses fuyards et se retira sur Gand. L'armée hollandaise perdait 40 pièces et 3 000 hommes, dont 1 200 prisonniers, et était annihilée pour le moment.

Mais les vainqueurs se déshonorèrent par leurs excès. Malgré les efforts des généraux et du représentant Levasseur, Menin fut mis au pillage.

**La déroute.** — Les progrès de Cobourg et les instances du Comité pour secourir les places du Nord arrêtèrent le timide Houchard dans l'exécution de son plan. S'il était trop tard pour sauver le Quesnoy, on pouvait mettre à l'abri Cambrai et Bouchain en y jetant quelques bataillons tirés du camp de Gavrelle Houchard ne jugea pas que ce fût suffisant. N'entendant rien aux grands mouvements, il préféra regagner la Scarpe et, après avoir laissé une partie de ses forces dans la Flandre maritime, de Cassel à Dunkerque, ordonna le 13 septembre à Hédouville, Dumesny et Béru de ramener leurs troupes sous les murs d'Arras.

Hédouville commença de suite son mouvement de retraite, chargeant Demars avec 3 000 hommes, de le *couvrir en attaquant Courtrai* (1). Celui-ci se heurta à Beaulieu en avant de Bisseghem, et dut bientôt se retirer sous les murs de Menin. Soudain on aperçoit, sur la route de Thourout, l'avant-garde d'York qui approche. L'alarme se répand dans les troupes qui traversent la ville dans un affreux désordre. En vain Daëndels, qui commande à Menin, essaie-t-il avec la garnison d'arrêter la poursuite. Il est entraîné par la cohue des fuyards, que Levasseur

(1) Nous soulignerons à dessein les faits du même genre : on ne couvre une retraite, une marche de flanc qu'en attaquant, l'offensive seule immobilise l'ennemi.

et Béru ne parviennent à rallier qu'en arrière d'Halluin. Béru ramena l'arrière-garde à Lille (15 septembre).

Cette panique, qui nous coûtait 500 hommes et 2 pièces, succédant si vite à de grands succès, excita l'indignation du Comité. On s'en prit aux généraux dont on incriminait l'incapacité et l'indécision. Déjà le 12 septembre Gay-Vernon avait été destitué. Le 20 septembre le Conseil exécutif remplaça Houchard par Jourdan et le fit arrêter le 23 à Arras, ainsi que Berthelmy, Gay-Vernon, Hédouville, Landrin, Dumesny et Demars.

Le 16 novembre, Houchard, accusé d'avoir « pratiqué des manœuvres et intelligences avec les ennemis de la République, et facilité leur entrée en France », montait sur l'échafaud. Son exécution fit [une grande impression sur les armées qui ne crurent pas à sa trahison et plus d'un officier répéta les dernières paroles du général en allant à la mort : « Battez-vous donc pour ces bougres-là qui vous guillotinent ! ».

**Le Quesnoy**. — Cobourg ne s'estimant plus assez fort, après le départ d'York, pour attaquer Cambrai, s'était tourné vers le Quesnoy (1). Avant d'investir la place, il attaqua (17 août) le général Ihler qui défendait, avec 4 ou 5 000 hommes, la forêt de Mormal et le rejeta sur Maubeuge. Le Quesnoy fut de suite investi par Clerfayt, avec 15 000 hommes ; on rassembla 132 bouches à feu devant la place et l'on poussa activement les travaux d'attaque sur le front qui regardait Valenciennes. Le 12 septembre le gouverneur Goullus était obligé de rendre la ville devant les dégâts causés par le bombardement et le mauvais vouloir de la population. La garnison (4 000 hommes) était prisonnière de guerre.

Pendant ce temps Cobourg couvrait l'opération avec 21 000 hommes. Le gros était derrière l'Écaillon entre Englefontaine et Vertain (Colloredo), l'avant-garde (Bellegarde) à Solesmes, sur la Seille ; des détachements occupaient Marchiennes,

(1) Voir le croquis n° 17.

Denain, Douchy, Saulzoir, la forêt de Mormal et Bettignies.

Houchard avait ordonné pour le 7 septembre une vaste opération combinée de toutes les troupes situées dans le voisinage, de Gavrelle à Maubeuge, pour dégager le Quesnoy. Elle n'eut lieu que le 12. Ihler, sorti de Maubeuge avec 14 000 hommes, marcha de Landrecies en deux colonnes, à droite (Meyer, 9 000 hommes) sur la forêt et Englefontaine, à gauche (Colomb, 5 000 hommes) sur Forest. Mais la colonne de droite se heurta à d'immenses abatis et dut reculer après quatre heures de lutte, arrêtant par son mouvement de retraite la colonne de gauche qui avait atteint Bouzies.

Pendant ce temps, l'inepte Declaye, gouverneur de Cambrai, sorti avec 3 000 hommes de la garnison et 20 pièces, avait rallié 1 300 hommes de la garnison de Bouchain et poussé sur Villers-en-Cauchies. Tout à coup, il est entouré par 10 escadrons ennemis accourant de Solesmes, de Saulzoir et de Douchy. A la première charge, Declaye donne lui-même le signal de la fuite. L'infanterie, abandonnée lâchement, tente vainement de se former en carré en avant d'Avesnes-le-Sec. Elle est rompue et taillée en pièces ; 2 000 hommes sont sabrés, 2 000 faits prisonniers avec 20 canons.

## *B.* — LES OPÉRATIONS DE JOURDAN.

### § 1. — LA MANŒUVRE DE WATTIGNIES.

**Maubeuge**. — Par leur lenteur, par leur séparation, les alliés, malgré quelques stériles avantages, avaient perdu les fruits d'une campagne qui semblait à leur merci. Cobourg, réduit à ses seules forces, pouvait encore, avec un peu d'audace, obtenir des succès considérables qui effaceraient l'impression de la journée d'Hondschoote. En vain Mercy le conjurait-il de s'arracher à la « stagnation » et d'imiter l'activité de ses adversaires. Il ne fut pas écouté et Cobourg s'obstina, suivant le mot de Jomini, « à s'amuser aux accessoires, à couvrir méthodiquement les chemins, à faire de ses troupes un emploi pitoyable ».

Il lui fallait pourtant une autre compensation que la prise du Quesnoy ; le général autrichien résolut de terminer la campagne en s'emparant de Maubeuge, qui semblait toute désignée à ses coups. Non seulement elle était déjà enclavée aux trois quarts dans le territoire occupé par les alliés, non seulement Cobourg savait qu'elle manquait de vivres, mais sa possession fournissait à la gauche de la zone de débouché un excellent point d'appui et donnait aux alliés une forte tête de pont sur la Sambre dont ils étaient dépourvus. « Tentée quelques mois plus tôt, dit Jomini, cette opération eût décidé probablement du succès de la guerre. »

Après quelques jours de repos aux environs de la forêt de Mormal, Cobourg porta ses forces sur la Sambre (1). Renforcé par 2 divisions hollandaises et 1 division hessoise, il disposait d'environ 80 000 hommes. Le 23 septembre, il franchissait la rivière à Berlaimont et à Jeumont, en amont et en aval de Maubeuge, et, après quelques petits combats à Cerfontaine, à Ferrière-la-Grande, rejetait tous nos postes avancés sur la place, dont il complétait l'investissement.

Maubeuge, dont les fortifications étaient en bon état, renfermait, tant dans la ville que dans le camp retranché de la rive droite, une garnison d'environ 20 000 hommes sous le général Jacques Ferrand (divisions Desjardins et Mayer). Le général Chancel commandait en second. Mais cette accumulation de troupes ne pouvait que hâter la reddition de la ville qui était insuffisamment approvisionnée. Cobourg, qui le savait, voulait la réduire par la famine. Il avait placé 12 000 Hollandais sur la rive gauche, Colloredo avec 35 000 hommes sur la rive droite, et Clerfayt avec 30 000 hommes en couverture de Berlaimont à Wattignies, à cheval sur la route d'Avesnes. Une forte division, sous Benjowski (5 000 hommes) occupait Beaumont, surveillant la direction de Philippeville.

La garnison essaya par quelques sorties de gêner les opérations de l'ennemi. La plus sérieuse eut lieu le 13 octobre contre

(1) Voir le croquis n° 18.

le bois du Tilleul, du côté de Ferrière-la-Grande. Mais elle fut conduite sans ensemble. Nos colonnes enlevèrent une 1$^{re}$ ligne de retranchements et furent arrêtées par une 2$^e$ ligne plus forte. La réserve, par une fatale méprise, tira sur elles, les prenant pour l'ennemi, et l'attaque échoua. Cet échec et le manque de subsistances, qui commençait à se faire sentir, avaient jeté le découragement dans la garnison quand, le 14 au soir, le canon se fit entendre du côté d'Avesnes : c'était l'armée de secours qui annonçait son approche.

**Jourdan.** — Jourdan, nommé dans les premiers jours de septembre au commandement de l'armée des Ardennes, avait reçu une semaine plus tard la succession de Houchard, et Bouchotte l'avait autorisé à combiner l'action des deux armées (1). Bien que contraint, à son corps défendant, d'accepter ce terrible honneur, il s'était hâté de se refaire une armée, de réorganiser les cadres et de communiquer à tous l'entrain et l'énergie qui l'animaient. Il avait été contraint également de présenter au Comité, dès sa prise de commandement, un vaste plan d'offensive sur toute la frontière, quand la nouvelle de l'investissement de Maubeuge lui fit recevoir l'ordre de tout sacrifier au déblocus de la place. Comptant sur les lenteurs de Cobourg et sur la coopération de la garnison, Jourdan résolut d'y marcher tout droit par Avesnes et envoya ses instructions pour rassembler à Guise 50 000 hommes tirés des camps de Gavrelle, Cassel, Lille et Philippeville ; 50 000 hommes durent garder la frontière de Bouchain à Dunkerque (2).

---

(1) « Avec Jourdan arrivait au sommet de la hiérarchie militaire une nouvelle couche de généraux qui devaient sauver la France, les généraux montagnards. » (FOUCART et FINOT, II, 164.)

(2) Les forces dont disposait Jourdan étaient, à son arrivée, réparties en 6 masses

| | | |
|---|---|---|
| Philippeville..................... | 15.000 hommes | |
| Maubeuge..................... | 20.000 | — (non disponibles). |
| Gavrelle et Arleux............ | 30 000 | — |
| Lille......................... | 30.000 | — |
| Cassel....................... | 14.000 | — |
| Dunkerque................... | 16.000 | — |
| Total................... | 125.000 | — |

Un rapport de Jourdan, daté de Gavrelle le 25 septembre, donne 107 421 hommes présents. (Voir MARMOTTAN, p. 84.)

13

Il y donna également rendez-vous à tous les bataillons de nouvelle levée qui affluaient à l'armée (1). Carnot, convaincu plus que personne de l'importance de l'opération, arriva le 8 octobre à Guise, et malgré le dénûment des troupes, le manque de souliers et de baïonnettes, fit décider, dans un conseil de guerre tenu le 9, de porter l'armée en avant. — Le 13, les 6 divisions de l'armée du Nord arrivaient sous les murs d'Avesnes.

## § 2. — WATTIGNIES.

**Journée du 14 octobre.** — La position occupée par Clerfayt était très forte (2). Presque partout, les difficultés du terrain, déjà très coupé, avaient été accrues par des abatis et des épaulements étagés. Les hauteurs de Dourlers au centre, et de Wattignies à gauche, défendues par des ravins profonds et escarpés, renforcées par des redoutes et une nombreuse artillerie, présentaient des obstacles particulièrement sérieux. Le 14, après avoir repoussé les avant-postes ennemis sur la Grande Helpe, Carnot et Jourdan reconnurent la position et arrêtèrent le projet d'attaque. Ils résolurent, suivant le plan favori du représentant, de porter leur principal effort *sur les deux ailes* de l'ennemi, de les déborder, puis de culbuter le centre à Dourlers, de rallier les trois colonnes pour marcher sur Maubeuge, puis, renforcés par la garnison, de jeter l'armée de Cobourg dans la Sambre (3).

A gauche, Fromentin et Cordelier (15 000 hommes) attaqueront le Val et Saint-Vaast ; au centre, Balland (16 000 hommes) enlèvera Dourlers ; à droite, Duquesnoy et Lemaire (15 000 hommes) marcheront sur Wattignies, tandis que Beauregard (5 000 hommes),

---

(1) Jourdan dut les laisser à Guise et consacrer à leur garde quelques vieux bataillons.

(2) Voir le croquis n° 19.

(3) Voulant percer au plus tôt sur Maubeuge, on peut s'étonner, avec Jomini, que les deux généraux n'aient pas de suite porté toutes leurs forces sur l'aile gauche ennemie, la plus rapprochée de la place. Les bois qui s'étendaient sur la rive droite de l'Helpe leur permettaient de tenir le reste de la ligne en échec avec quelques bataillons de tirailleurs. C'est la préoccupation de couvrir leurs communications par la route d'Avesnes qui leur fit sans doute adopter ce premier plan.

débouchant de Solre-le-Château, flanquera la droite, surveil-
lera la direction de Beaumont et tendra la main à une division marchant de Philippeville sur ce dernier point (Hélie,
5000 hommes).

**Journée du 15**. — Le 15 octobre à l'aube, les troupes
françaises passent l'Helpe et, entre neuf et dix heures, les deux
ailes se déploient. Bientôt, à gauche, Fromentin occupe Saint-
Remi-Chaussée et le Val ; à droite, Duquesnoy atteint
Dimechaux. Vers midi, Jourdan et Carnot jugent le moment
venu de faire donner le centre et ébranlent la division Balland.
Celle-ci occupe Saint-Aubin et Semousies, franchit au prix
des plus grands efforts le ravin des Marquées, et s'empare
du château de Dourlers. Mais au lieu de s'y fortifier, elle
continue son mouvement et descend dans le vallon de la
Bracquière, d'où elle essaie de déboucher. Soudain de nouvelles
batteries se démasquent sur son front, tandis que la cavalerie
autrichienne charge ses flancs. Surprise, elle est rejetée en bas
du plateau. Sur les instances de Carnot, Jourdan la ramène
deux fois à l'attaque et deux fois elle est repoussée. A ce
moment, il apprend l'échec de Fromentin, qui a été culbuté par
la cavalerie ennemie dans la plaine de Berlaimont, et ordonne
la retraite.

Dans la soirée, Carnot préside un conseil de guerre (1). Le soin
qu'a mis Cobourg à fortifier Dourlers, les forces qu'il y a
accumulées, font juger la position inabordable. C'est à Wattignies
qu'il faut chercher la solution, et Carnot expose le nouveau
plan. Fromentin et Balland feront passer la moitié de leurs
divisions à la droite dont Jourdan et lui prendront le commandement ; ils n'entretiendront à la gauche et au centre qu'un
combat traînant et se replieront, en cas d'offensive de Cobourg, sur
les bois d'Avesnes ; Beauregard se rabattra sur Obrechies ; en

---

(1) Au cours du Conseil, on remit une dépêche à Carnot qui la lut sans marquer
la moindre émotion. « Que dit la dépêche ? » demanda un représentant. « Qu'il
faut battre les Autrichiens demain », répondit Carnot, et l'on reprit la discus-
sion. C'était la nouvelle de la prise par Wurmser des fameuses lignes de Wissembourg. (Voir FOUCART et FINOT, II, 251, et les *Mémoires sur Carnot* par son
fils.)

cas d'insuccès à Wattignies, la retraite est assurée sur Rocroi et Mézières (1).

**Journée du 16.** — Le 16 au matin, à la faveur d'un brouillard épais, ces mouvements s'exécutent sur toute la ligne ; la droite française forme maintenant un crochet offensif face à l'ouest le long de la Solre. Quand le brouillard se dissipe, Cobourg, surpris, n'a pas le temps de changer ses dispositions. Les troupes de la droite, formées en trois colonnes, débouchent de Dimont, Dimechaux et Choisies et montent à l'assaut du plateau de Wattignies, ayant à leur tête les généraux et les représentants.

Après deux efforts infructueux, Jourdan et Carnot s'emparent du village. Mais une forte réserve, massée derrière les retranchements de Glarges, attaque nos têtes de colonnes débouchant de Wattignies. Une brigade, composée de recrues, chargée par la cavalerie autrichienne, se débande. Carnot y court, la rallie, la ramène et, secondé par Jourdan et Duquesnoy, refoule l'ennemi au delà du ravin de Glarges. En même temps le colonel Carnot-Feulins, frère du représentant, porte rapidement une batterie de 12 pièces sur le flanc de la cavalerie autrichienne, la décime et la disperse. Wattignies est définitivement à nous.

A notre gauche, Fromentin et Balland ont reconquis Saint-Vaast et Dourlers. Mais à l'extrême droite Hélie a été culbuté en avant de Beaumont par la division Benjowski, qui, débouchant ensuite par Consolre, est venu assaillir Beauregard vers Obrechies. Celui-ci, croyant avoir affaire à des forces supérieures, a reculé, découvrant la droite de Duquesnoy. Heureusement ce général, maître du plateau de Damousies, a arrêté net par sa canonnade le mouvement des Autrichiens.

Le lendemain 17, Jourdan poussait ses troupes en avant au milieu d'un épais brouillard, et trouvait toutes les positions de l'ennemi évacuées. A deux heures, Carnot et lui entraient triomphalement dans Maubeuge. Contrairement à toutes les prévisions, les troupes du camp retranché étaient restées dans une inaction complète pendant ces deux jours, et n'avaient

(1) On dit que Jourdan combattit vivement ce plan, si en dehors des règles de l'ancienne tactique (Voir les *Mémoires sur Carnot*).

même pas cherché à inquiéter la retraite de Cobourg. Le général
Chancel porta la peine de cette faute et fut traduit devant le
tribunal révolutionnaire (1).

Telle fut la bataille de Wattignies qui coûta environ
6 000 hommes aux Autrichiens et 3 000 aux Français. Le
résultat matériel était minime et se réduisait au déblocus de
Maubeuge ; le résultat moral était immense, car cette victoire
rendait confiance au pays et terminait la malheureuse campagne
de 1793 par un éclatant succès ; enfin le résultat tactique était
capital, car *le principe de l'économie des forces faisait son appa-*
*rition*. Jamais bataille depuis cinquante ans n'avait été aussi
complètement mûrie, aussi rationnellement conçue, aussi vigoureusement conduite, et tout l'honneur en revenait à Carnot qui
fut vraiment grand ce jour-là. Pour la première fois s'établissait sur le terrain la distinction entre les troupes qui luttent pour
faire durer le combat et celles qui sont chargées de l'attaque
décisive en un point du front, et cette idée allait franchir bientôt
les limites du champ de bataille pour s'appliquer à l'ensemble des
opérations. Pour la première fois aussi s'étaient appliqués sur une
grande échelle les nouveaux principes de tactique : dans l'attaque
de Wattignies, les bataillons couverts par des tirailleurs qui
s'embusquaient derrière les haies, s'étaient élancés à l'assaut
en colonnes serrées. Les lignes rigides, les feux au commandement avaient fait leur temps, et Wattignies prouvait qu'il n'existait plus de positions inattaquables.

### § 3. — LES QUARTIERS D'HIVER.

**Les démonstrations vers le nord.** — Cobourg avait
profité de la nuit et du brouillard pour repasser la Sambre à
Jeumont et rallier toute son armée aux environs de Bettignies.
Il y fut rejoint par York et disposa de 80 000 hommes. Non seulement Jourdan lui était encore numériquement très inférieur,
mais le dénûment de ses troupes, surtout le manque de vête-

---

(1) On ignore encore actuellement, et le motif de cette inaction, et le rôle de
Chancel dans le conseil de défense ; s'il était innocent, il se défendit fort mal
devant ses juges. (Voir FOUCART et FINOT, II, 238 et seq.)

ments et de souliers dans une saison déjà rigoureuse, empêchait pour le moment toute offensive. Il s'était donc contenté de border la Sambre de Berlaimont à Thuin. Mais le Comité avait formé le dessein de chasser l'ennemi avant l'hiver du sol de la République. La gauche de l'armée du Nord devait s'avancer de Dunkerque sur Furnes, le centre de Lille sur Tournay, la droite de Maubeuge sur Charleroi (1). Pressé d'agir, Jourdan céda l'armée des Ardennes à Ferrand et mit en mouvement son centre (Souham (2) : brigades Macdonald, Michel et Dumonceau, 16000 hommes), et sa gauche (Davaine, 15000 hommes) qui se trouvaient prêts (3).

Les circonstances semblaient propices (4). En face du centre le corps de Wallmoden (10000 hommes) était dispersé de Marchiennes à Menin et n'était soutenu que par 9000 Autrichiens (Werneck) à Cysoing. Une action en masse aurait permis d'écraser tous ces corps isolément. Au lieu d'agir ainsi, Souham dispersa ses forces et attaqua sur tous les points. Le 23 octobre, Macdonald s'empara de Werwick, Dumonceau culbuta les Hanovriens à Sailly et s'empara des magasins de Menin, Michel entra à Néchin et menaça Cysoing, que Werneck évacua. En même temps, Ransonnet occupait Marchiennes. Mais York, accourant à marches forcées, entoura la ville, et les 4000 hommes qui l'occupaient furent tous tués ou pris (26 octobre). Quelques jours après, Souham rétrogradait sur Lille et les alliés rentraient dans leurs anciennes positions.

A la gauche, Davaine ne s'était pas emparé d'Ypres, malgré les ordres de Jourdan, et s'était contenté de pousser Vandamme de Dunkerque sur Furnes. Après s'être emparé de la ville, Vandamme avait échoué devant Nieuport et s'était replié. Davaine fut suspendu et remplacé par Macdonald.

**Les quartiers d'hiver.** — Jourdan de son côté, tout en protestant et en offrant sa démission, s'était mis en mesure d'obtempérer

(1) Voir les instructions incohérentes du Comité dans les *Mémoires* de SOULT, I, 55.
(2) Souham avait remplacé Béru au camp de la Madeleine.
(3) Il espérait peut-être ainsi faciliter sa propre offensive en attirant vers le nord une partie des forces de Cobourg.
(4) Voir le croquis nº 16.

aux ordres du Comité et de marcher avec la droite sur Charleroi (1).
Le 28 octobre, trois divisions s'avançaient de Beaumont-sur-
Thuin, soutenues vers Jeumont par une partie de la garnison de
Maubeuge, tandis qu'une autre division se portait vers Florennes.
L'entrée en ligne de cette dernière fit perdre plusieurs jours et
Cobourg, alors à Solesmes pour soutenir York, put accourir au
secours de Clerfayt laissé sur la Sambre ; en même temps le
duc de Wurtemberg avec les troupes légères tentait sur Guise
un coup de main qui échoua. Jourdan, trouvant les Autrichiens
prévenus, et arrêté par des pluies torrentielles, renonça à passer
la Sambre. D'ailleurs le Comité, abandonnant un projet irréa-
lisable, l'autorisait enfin à prendre ses quartiers d'hiver. Le
général replia sa gauche et son centre sur la ligne Cambrai-
Dunkerque, sa droite sur Sedan, Maubeuge et Guise. Le 25 novembre, il transporta son quartier général à Avesnes.

Cobourg, après avoir approvisionné Condé, Valenciennes et
le Quesnoy, et jeté sur la rive droite de la Sambre une partie
de ses forces pour couvrir l'établissement de ses cantonnements,
se replia sur Mons et établit son armée de Namur à Tournay.
A sa gauche, les Hollandais campèrent dans le pays de Liége ; à
sa droite, les Anglo-Hanovriens occupèrent la Flandre maritime.

Mais l'aile droite de l'armée du Nord, bientôt réduite à
15 000 hommes par suite de renforts envoyés sur le Rhin, était
incapable de s'opposer aux maraudes de la cavalerie autrichienne. Appelé à Paris le 10 janvier 1794, Jourdan fut destitué et renvoyé à Limoges avec une pension de 3 000 livres.

**Conclusion**. — La double série d'opérations sur Dunkerque
et Maubeuge, qui terminait dans le nord la campagne de 1793,
n'avait ni refoulé l'invasion, ni même enrayé sa marche en avant,
puisque les alliés étaient résolus à s'en tenir à une guerre de sièges.
Elle les avait simplement obligés à lâcher prise sur deux points
importants, et ce résultat, joint à l'effet moral des journées
d'Hondschoote et de Wattignies, avait une réelle valeur.

Toutefois, les deux parties de cette période se ressemblaient

(1) Voir le croquis n° 18.

peu. Au début, quel décousu dans les opérations, quelle indiscipline chez les troupes, quelle hésitation chez les chefs ! Les
plus braves sont paralysés par l'idée de leur responsabilité, par
la crainte du châtiment ignominieux qu'ils encourrent en cas de
revers, et, par manque de confiance en eux-mêmes et dans les
troupes, n'osent exécuter avec vigueur des projets d'opérations
judicieux. La manœuvre de Houchard contre York est excellente : il la gâche par sa lenteur. Celle qu'il projette contre
Cobourg peut être décisive : il ne fait que l'esquisser. Et ce
manque de caractère de la part des généraux est la conséquence
fatale du régime de terreur qui pèse sur eux. Les assemblées
achèvent, durant cette triste année, l'œuvre de désorganisation
militaire commencée par les idées révolutionnaires. Elles trai-
tent les armées comme les clubs, croient que le jacobinisme
suffit pour remporter des victoires, et ne laissent jamais aux mesures prises, bonnes ou mauvaises, le temps de porter leurs fruits.

La fin de la campagne vaut mieux. Si l'armée, sans cesse sur
la brèche, n'a pu encore bénéficier des dispositions de la loi
d'amalgame, Jourdan révèle des qualités remarquables d'organisateur et de général, Carnot donne aux opérations une suite,
une orientation qu'on ignore depuis Dumouriez, il les anime
d'un élan qu'on croyait oublié, et consacre enfin par la victoire
de Wattignies la découverte d'une grande notion tactique. Cette
dernière phase est comme le signe avant-coureur de la glorieuse
campagne de l'année suivante.


# IV

## LA CAMPAGNE D'ALSACE

### § 1. — LA RETRAITE SUR LA LAUTER.

**L'hiver.** — Sur le Rhin (1), l'hiver avait, comme en Belgique, arrêté les opérations. Un seul combat avait eu lieu.

(1) Voir chap. I, p. 126.

Le 3 janvier, Custine avait chargé Houchard de reprendre Hochheim (1), faiblement occupé, et celui-ci y avait placé 6 bataillons et 12 pièces. Le poste était en l'air et d'ailleurs sans importance. Le 6, le détachement de Houchard était surpris, mis en déroute, et rejeté dans Kastel, que Custine se hâta de faire transformer en un vaste camp retranché pouvant contenir 3 000 hommes. Ce fut le seul engagement jusqu'à la fin de mars. Les deux armées se réorganisaient dans leurs quartiers d'hiver. Custine, après avoir obligé l'Électeur palatin à replier le pont de Mannheim, s'occupait de réapprovisionner ses troupes, que Pache laissait manquer de tout. Pache fut destitué, et Beurnonville, son successeur, oubliant ses ressentiments contre Custine, l'appela à Paris pour s'entendre avec lui. Il fut convenu qu'on conserverait Mayence pour maintenir la guerre en territoire ennemi. Mais l'armée de la Moselle, commandée provisoirement par Ligniville, fut détachée de celle du Rhin, l'armée des Vosges, ou ancienne armée de Custine, se fondit dans cette dernière, et toutes deux, comme celle des Ardennes (Valence) et celle du Nord (Dumouriez) durent renoncer à l'offensive pour couvrir la frontière de Bâle à Dunkerque.

**La situation en mars**. — Dans les premiers jours de mars, la petite forteresse de Kœnigstein, conservée sur la rive droite pour satisfaire l'opinion, se rendit après trois mois de blocus, et Frédéric-Guillaume, suivant le plan arrêté avec Cobourg, reprit les hostilités. Tandis que Wurmser, avec 25 000 hommes, couvrirait le Rhin de Bâle à Mannheim, le roi de Prusse, avec 50 000 Prussiens, 4 000 Hessois et 5 000 Saxons, dut observer Kastel et franchir le Rhin pour rejeter Custine en Alsace.

Celui-ci disposait de 45 000 hommes. La division de gauche (Neuvinger, 8 000 hommes) bordait la Nahe de Kreuznach à Bingen ; celle du centre (Fr. Wimpffen, 22 000 hommes) était à Mayence ; celle de droite (Munnier, 7 000 hommes) et la réserve (8 000 hommes) couvraient le Rhin entre Oppenheim et Spire. — L'armée de la Moselle (Ligniville, 20 000 hommes) cantonnait

(1) Voir le croquis n° 20.

derrière la Sarre et avait poussé une division dans le duché de
Deux-Ponts. Les volontaires étaient partout retombés dans
l'indiscipline, la cavalerie manquait, l'artillerie seule avait
conservé sa supériorité (1). Les généraux, sauf Neuvinger et
Houchard, étaient nuls ; encore ceux-ci n'étaient-ils que de bons
chefs d'avant-garde.

**L'offensive prussienne.** — Les victoires de Cobourg
hâtèrent les mouvements du roi de Prusse qui choisit habile-
ment son point de passage à Bacharach. Mais il eut le tort d'envoyer, douze jours avant son opération (9 mars), 1 200 hommes
de troupes légères pour faire une diversion dans le Hundsrück.
Cette avant-garde poussa étourdiment jusqu'à la Nahe, vint
donner sur le corps de Houchard et se fit rejeter sur Stromberg
et Bacharach (20 mars).

Si Custine avait eu le coup d'œil de l'homme de guerre, il
aurait poursuivi son avantage, aurait assailli la véritable avant-
garde prussienne, en train de passer à Lorch et à Caub, et
obligé Brunswick à se rejeter sur Saint-Goar : il se donnait
ainsi le temps d'évacuer ses magasins de Worms et de Frankenthal. Mais il se contenta de renforcer ses troupes de la
Nahe et de border la rivière avec 18 000 hommes de Sobernheim
à Bingen. La position était bonne, mais beaucoup trop étendue.

Hohenlohe-Ingelfingen, passant le Rhin le 21 mars avec
l'avant-garde prussienne (environ 18 000 hommes), venait attaquer le 27, en avant de Bingen, notre droite sous Neuvinger.
Au premier obus, nos troupes se débandaient, leur général se
faisait prendre avec 130 hommes et 6 pièces, et Custine était
coupé de Bingen, qui se rendait le lendemain. Une marche
rapide des Prussiens sur Alzey aurait rejeté Custine sur Landau.
Mais il fallait agir méthodiquement et envelopper le général
français dans les formes. Aussi celui-ci put-il à loisir se replier
sur Alzey et Pfeddersheim, sous la protection de Houchard. Le

1) La réunion des compagnies de grenadiers en régiments d'élite, vivement
critiquée par Gouvion Saint-Cyr, alors à l'état-major de Custine (I, 29), n'avait
donné que de mauvais résultats et on les rendit à leurs corps.

30 mars, il tint même toute la journée dans la position d'Ober-Flörsheim pour attendre un convoi d'artillerie qu'il avait appelé de Mayence. Mais le même jour l'avant-garde ennemie, marchant sur Guntersblum, coupait la route d'Oppenheim à Worms, faisait mettre bas les armes à l'arrière-garde de Munnier (1 200 hommes) entre Alzheim et Rhein-Dürckheim, et le convoi sorti de Mayence, venant donner à Alzheim sur les Prussiens, rentrait en désordre dans la ville.

En même temps, Wurmser passait le Rhin à Ketsch (nuit du 31 mars) et marchait sur la Queich, refoulant devant lui nos avant-postes. Custine battit en retraite par Frankenthal, Neustadt et Edesheim et rentra le 1er avril à Landau, après avoir livré aux flammes les immenses magasins de Worms, Frankenthal et Spire.

Dans le même temps éclatait la trahison de Dumouriez. On ne manqua pas de comparer les deux vaincus et plusieurs accusèrent Custine, qui s'efforçait d'imputer ses revers au ministre Beurnonville et aux ordres de défensive stricte donnés par lui à l'armée de la Moselle. Les troupes même s'agitaient. Mais ce général fougueux et pétri de vanité n'inquiétait personne. Le 4 avril, l'assemblée lui accorda un vote de confiance et lorsque, six semaines plus tard, après la mort de Dampierre, l'armée du Nord éperdue abandonna Valenciennes, Custine fut chargé de la commander, comme le seul chef capable d'agir avec vigueur et de rendre la confiance au soldat.

En attendant, Mayence était abandonnée à ses propres forces.

### § 2. — MAYENCE.

**La situation.** — Elle tint trois mois. Le roi de Prusse, satisfait d'avoir repoussé Custine, préoccupé d'ailleurs des affaires de Pologne et manquant de grosse artillerie, investit Mayence à loisir; le dissentiment entre Kalkreuth et Schönfeld, chargés du siège, retarda encore les opérations. Le premier, avec 24 000 hommes (1), investit la ville sur la rive gauche, de

(1) Dont 5 à 6000 Autrichiens envoyés par Cobourg après la conquête des

Laubenheim à Mombach, par Marienborn et Finthen (1) : il commit la faute de ne pas occuper solidement Weisenau dès le début. Le second avec 12 000 hommes (2), s'étendit sur la rive droite, de Mosbach à Hochheim : la presqu'île formée par le Mein et les îles du confluent n'étaient pas occupées. Le reste de l'armée prussienne forma un cordon d'observation sur la Nahe et la Glan, de Kreuznach à Deux-Ponts.

D'Oyré, excellent officier du génie, dirigeait la défense, ayant sous ses ordres le savant et audacieux Meusnier, qui commandait à Kastel, et le brave général Aubert-Dubayet qui commandait les troupes de la garnison. Celle-ci comprenait 23 000 hommes (3) manquant pour la plupart de cohésion et d'ensemble. Les commissaires de la Convention, Reubell et Merlin de Thionville, le dernier surtout, allaient porter dans tous les cœurs l'élan de leur patriotisme et de leur énergie (4).

Si les approvisionnements étaient abondants, les fortifications étaient faibles, celles surtout de l'enceinte intérieure, et les travaux entrepris à Kastel n'étaient pas terminés. D'Oyré dut faire construire, sous le feu de l'ennemi, de nouveaux ouvrages avancés, qui éloignèrent longtemps les assaillants.

**La défense mobile.** — L'investissement fut terminé le 14 avril; mais il ne s'était pas exécuté sans combats. Dès le 10, dans la nuit, trois colonnes sortaient de Kastel et s'avançaient, l'une sur Kostheim, les deux autres sur Biebrich et Mosbach. Mais nos soldats n'avaient pas encore la solidité nécessaire pour tenter de pareilles expéditions. Si la première colonne ramena des

Pays-Bas, le contingent de Hesse-Darmstadt et celui de l'Électeur palatin; à la fin du siège il avait 28 000 hommes.

(1) Voir les croquis nos 20 et 21.

(2) Dont le contingent saxon et celui de Hesse-Cassel; à la fin du siège, il avait 15 400 hommes.

(3) Composés de : 4 régiments de grenadiers, 6 bataillons de ligne, 29 bataillons de volontaires et 2 régiments de cavalerie.

(4) Ils eurent, il est vrai, le tort de souffler la rivalité entre les généraux en soutenant Meusnier contre d'Oyré. De plus, leur influence fut néfaste dans l'administration du pays conquis. Arrivés le 21 janvier avec Haussmann, ils avaient obligé les Mayençais à élire malgré eux une Convention (24 février), qui avait demandé l'annexion à la France. Nommés par la terreur, les « clubistes », ou partisans de la Révolution, se firent détester.

vivres, les deux autres se débandèrent après être entrées dans les redoutes ennemies et refluèrent en désordre sur Kastel.

Il fallait aguerrir les troupes. Sur la rive gauche, Marigny, à la tête de la *légion des Francs* (1), Kléber surtout, qui commandait le camp retranché (2), tinrent leurs soldats en haleine par une suite incessante de petits combats, d'engagements audacieux, pendant les mois d'avril, mai et juin. Sur la rive droite, Meusnier et Beaupuy, avec les *chasseurs de Kastel* et les troupes de ligne, faisaient la même guerre d'escarmouches, se fortifiaient à Kostheim, qui n'était plus bientôt qu'un monceau de ruines, y repoussaient des assauts réitérés et s'installaient dans les îles du Rhin, la constante préoccupation de Meusnier. Mais celui-ci, dans sa dévorante activité, poussa trop loin des entreprises qui coûtaient aux troupes des pertes et des fatigues hors de proportion avec l'importance des positions occupées. Il en fut d'ailleurs la première victime. Dans la nuit du 5 juin, il était atteint d'un biscaïen à la jambe et expirait le 13. S'il s'était montré peu obéissant envers d'Oyré, qu'il voulait supplanter, s'il avait affaibli la garnison par des sorties stériles et par son obstination à occuper Kostheim, au lieu d'achever les fortifications de Kastel et de s'y maintenir, il avait jeté sur le siège un éclat héroïque; peut-être, s'il eût commandé en chef, eût-il donné à la défense une impulsion plus vigoureuse, et, à force d'audace et de ténacité, refoulé l'assiégeant (3). Dubayet, qui lui succéda, évacua bientôt les îles du Mein (29 juin) et Kostheim (7 juillet).

La plus sérieuse des opérations de la défense extérieure fut la surprise tentée sur Marienborn, dans la nuit du 30 au 31 mai, pour enlever le quartier général. Une colonne de 1 500 hommes, sous Marigny, marcha sur le village, soutenue vers Weisenau et vers Bretzenheim par deux autres colonnes, l'une de 1 500, l'autre de 1 800 hommes. Les Français arrivèrent jusque dans

---

(1) Quatre cents fantassins volontaires, 1 escadron de chasseurs et 2 pièces.

(2) Chargé de la défense des ouvrages extérieurs, il avait sous ses ordres 9 bataillons et 100 cavaliers, environ 6 000 hommes.

(3) Gouvion Saint-Cyr saisit l'occasion de déclarer que, s'il eût vécu, il eût égalé Bonaparte (I, 271 en note). Meusnier était un mathématicien remarquable et on lui doit un théorème célèbre.

les cantonnements ennemis et Kalkreuth faillit être pris. Malheureusement l'action manqua d'ensemble ; Marigny ne fut pas appuyé et dut se retirer après avoir encloué quelques pièces. Mais l'alarme fut vive chez les assiégeants.

**La tranchée.** — Ceux-ci avaient concentré tous leurs efforts sur la rive gauche. Après avoir longtemps hésité sur le point d'attaque, les ingénieurs émigrés français proposant d'opérer par le nord, vers Mombach, et les ingénieurs prussiens par le sud, vers Weisenau, on s'arrêta à ce dernier parti. Le 16 juin, dans la nuit, l'artillerie de siège étant arrivée, on ouvrit la tranchée contre la citadelle, à 400 toises du camp retranché. Mais Kléber et Decaen foncèrent sur les travailleurs, anéantirent leur soutien, comblèrent la tranchée avec les morts de l'ennemi et construisirent avec ses gabions une double flèche. Dans la nuit du 18, l'ennemi recommença plus loin avec 5 600 travailleurs et établit la première parallèle entre Weisenau et Bretzenheim. Après de cruelles fatigues causées par les pluies et des pertes sensibles dues à l'énergique résistance des Français, les assiégeants finirent par s'emparer de Weisenau (27 juin), puis de Zahlbach (5 juillet) et s'y maintinrent malgré nos retours offensifs. En vain d'Oyré éleva-t-il, sous le feu de l'ennemi, de nouveaux ouvrages en avant des forts ; ils furent enlevés et les forts bientôt enfilés. Depuis le 18 juin, les obus tombaient dans la ville, détruisant tous les principaux monuments, accumulant les ruines, mais faisant peu de victimes.

Le moment de la reddition approchait. Notre artillerie, dont on avait forcé les charges, était en grande partie hors de service ; l'enceinte extérieure n'était plus tenable ; si les vivres ne manquaient pas encore, les farines, les fourrages surtout diminuaient ; les remèdes allaient être épuisés ; enfin la garnison se rebutait et perdait l'espérance d'être secourue. D'Oyré se débattait encore ; Reubell et Merlin vainquirent ses derniers scrupules et, ne voulant pas pousser les choses au pire pour obtenir de meilleures conditions, il entra en pourparlers avec l'ennemi. La capitulation fut signée le 23 juillet. La garnison obtenait les honneurs de la guerre, à condition de ne pas servir pendant un an contre les alliés; elle eut le droit d'emmener avec elle les clubistes, sauf un certain nombre d'entre eux qui devaient être échangés contre les otages mayençais pris par Custine et détenus à Belfort (1).

Ainsi finit le siège de Mayence, un des plus mémorables de l'histoire. La garnison n'eut pas toujours l'héroïsme que la tradition lui a prêté : elle manquait d'instruction et d'expérience. Mais elle déploya souvent la plus grande bravoure et la plus noble générosité, de l'aveu même des Prussiens qui rivalisèrent avec elle. Tel qu'il est, le siège de Mayence mérite de rester populaire.

Le jour même où succombait la place, Beauharnais, à la tête de l'armée du Rhin, et Houchard, avec l'armée de la Moselle, s'ébranlaient pour la secourir (2). Ils s'arrêtèrent en apprenant la capitulation et protestèrent contre elle. La Convention partagea d'abord leur indignation et ordonna l'arrestation des généraux. Mais Merlin accourut à la tribune rendre compte de la conduite des troupes et la colère se changea en enthousiasme. On décréta que la garnison avait bien mérité de la patrie. Il fallait cependant un coupable. Accusé d'avoir laissé Mayence sans munitions et sans vivres, d'y avoir jeté une artillerie immense pour en faire la proie de l'ennemi, Custine paya de sa tête l'imprudente vantardise par laquelle il avait déclaré que la place tiendrait six mois et plus.

### § 3. — LES TENTATIVES DE DÉBLOCUS.

**Custine général en chef.** — Rejeté sur Landau dans les derniers jours de mars et coupé de Mayence, Custine eut un moment d'affolement. Mais l'inaction de l'ennemi lui ayant rendu son sang-froid, il fit avec assez d'énergie ses préparatifs de défense. Laissant à Landau une garnison de 7 000 hommes (sous Gilot), il établit son armée plus en arrière, vers Billig-

---

(1) Ils ne furent libérés que le 9 février 1795. — Les « Mayençais » allèrent servir en Vendée; le brave Marigny y trouva la mort.

(2) Voir ci-dessous § 3.

heim (1). Nommé le 6 avril général en chef des armées du Rhin et de la Moselle, il ordonna à d'Aboville, qui commandait la seconde, de faire avancer ses forces dans le Deux-Ponts et d'établir un camp à Bitche pour se lier à lui. Houchard, qui succéda à d'Aboville (29 avril), poussa deux avant-gardes à Sarrelouis et Bliescastel, mit son gros à Forbach, et sa réserve (Pully), dite *corps des Vosges*, à Hornbach. — Custine, de son côté, fit réparer les fameuses lignes de Wissembourg et occupa la rive droite de la Lauter, sa gauche dans les gorges de Lembach, son centre à Wissembourg, sa droite derrière le Bien-Wald.

Les deux armées étaient désorganisées par leurs échecs et Custine s'efforçait de rétablir la discipline, quand il apprit sa nomination à l'armée du Nord (13 mai). Il eut la malheureuse idée de tenter avant son départ le sort des armes. Encouragé par un léger avantage remporté le 6 mai à Herxheim par Landremont, commandant son avant-garde, il voulut, le 17 mai, enlever le poste de Rülzheim et pour cela mit en branle les deux armées tout entières. La tentative échoua piteusement. Notre cavalerie culbutée, entraîna l'infanterie dans une affreuse panique. Landremont, heureusement, protégea la retraite avec autant d'intelligence que de valeur. Quant à Houchard, il s'était borné à une simple démonstration. Custine imputa sa défaite à l'inaction de Ferrier qui commandait sa droite.

**Arlon.** — Diettmann, successeur de Custine, n'était « qu'une vieille culotte de peau ». Dès le 29 mai, sur ses instances, on lui donna comme successeur Beauharnais. Sur ces entrefaites eut lieu la bataille d'Arlon. On a vu (2) que Kilmaine avait rassemblé à Sedan un corps d'environ 8 000 hommes qu'on nommait pompeusement l'*armée des Ardennes*. Il avait projeté, pour débloquer Valenciennes, une grande diversion sur Liége, tandis qu'une partie de ses forces marcherait sur Arlon conjointement avec un corps de l'armée de la Moselle. Le projet sur Liége fut abandonné, celui sur Arlon subsista. Le 7 juin Delaage, avec 10 000 hommes de l'armée de la Moselle, rejoint

(1) Voir le croquis n° 22.
(2) Voir ci-dessus, II, p. 148.

par 2 000 hommes de l'armée des Ardennes, quittait Longwy et, après bien des hésitations, attaquait Arlon le 9. Les 3 000 ou 4 000 hommes qui défendaient la ville furent dispersés après un court mais violent combat, où se distinguèrent les carabiniers et l'artillerie volante du capitaine Sorbier. Cette sanglante rencontre, qui nous coûtait 800 hommes et 600 à l'ennemi, fut absolument inutile (1).

**Le déblocus**. — Beauharnais, ancien chef d'état-major de Biron, doué des qualités physiques et intellectuelles les plus brillantes, n'avait ni la hardiesse, ni le coup d'œil de l'homme de guerre. Il tenta néanmoins, de concert avec Houchard, de débloquer Mayence : « Mayence ou la mort! » était le mot d'ordre des deux armées, qui comptaient alors, grâce aux recrues, celle du Rhin 60 000 hommes, celle de la Moselle 40 000.

Dans une conférence tenue à Bitche (27 juin) (2) on convint que la première forcerait les lignes de la Queich, tandis que la seconde remonterait la Glan et pousserait sur Kreuznach. Mais les alliés étaient sur leurs gardes. Wurmser (30 000 hommes) s'était établi à Edenkoben, Brunswick (18 000 hommes) à Kaiserslautern, prêts à barrer la route de la Glan.

Beauharnais s'ébranla le 19 juillet, mais au lieu de s'avancer hardiment avec la confiance que devait lui inspirer sa supériorité numérique, il tâtonna et perdit son temps à repousser des avant-postes. Le 19 la gauche (d'Arlande) s'empare des gorges d'Annweiler, la droite s'établit sur la Queich. Le 22 le centre rejette tous les postes ennemis dans le plus grand désordre sur Edenkoben. Mais Beauharnais ne songe pas à profiter de l'ardeur des troupes et à pousser sa pointe, et le 23 éclate comme un coup de foudre la nouvelle de la reddition de Mayence. Un instant le général songe à s'établir sur la Queich et à s'emparer

(1) C'est à ce moment que Custine lança son fameux plan consistant à renforcer l'armée du Nord par 25 000 hommes tirés des armées de la Moselle et du Rhin. Les objections de Bouchotte, les protestations de Houchard et de Beauharnais le firent rejeter. — Voir ci-dessus, II, p. 149.

(2) Dans une première conférence, tenue le 7 juin, on s'était séparé sans rien décider.

14

de Germersheim. Une brusque attaque de Wurmser sur sa droite (27 juillet), qui fait reculer d'un seul coup Ferrier jusqu'au Bien-Wald, la décide à la retraite.

Houchard n'avait pas été plus heureux. Parti de Sarrebrück le 16 juillet il s'était avancé sur Küsel avec une extrême lenteur, tandis que Pully se dirigeait sur Landsthul et qu'un détachement (1 500 hommes sous René Moreaux) marchait de Pirmasens sur Kaiserslautern. Brunswick prit à loisir ses dispositions. Moreaux échoua le 22 juillet contre la position de Leimen défendue par 300 hommes et la nouvelle de la prise de Mayence décida Houchard, malgré sa colère, à se replier sur la Sarre. Il se vengea en dévastant le pays de Deux-Ponts et en brûlant le magnifique château du Carlsberg. Quelques jours après, il était envoyé à l'armée du Nord et remplacé par Schauenbourg (1).

Bientôt la désorganisation fut au comble dans les deux armées. Non seulement, sur l'ordre du Comité, 22 000 hommes de l'armée de la Moselle durent aller renforcer l'armée du Nord (8 août) (2), mais les manœuvres de Bouchotte pour « républicaniser » l'armée et les destitutions d'officiers nobles prononcées à tort et à travers par les Commissaires du pouvoir exécutif ou les Représentants du peuple, portèrent le désordre dans les états-majors et dans la troupe. Pour combler les vides, des nominations arbitraires furent faites, quelquefois heureuses, le plus souvent déplorables. Sans confiance dans ses chefs, l'armée donnait le spectacle d'une indiscipline inouïe.

### § 4. — RETRAITE DE L'ARMÉE DE LA MOSELLE.

**Retraite sur la Lauter**. — Mayence prise, rien n'empêchait les alliés d'envahir l'Alsace. Wurmser proposa à Brunswick une attaque combinée sur la Lauter, tandis que Hohenlohe tournerait la position par les montagnes. Mais ce plan ne pouvait convenir à la stratégie méthodique des Prussiens, assez

---

(1) Né à Soultz en 1745, mort en 1832. Voir CHUQUET, *Wissembourg*, p. 61.

(2) Voir ci-dessus p. 168. L'armée de la Moselle, réduite à 10 000 hommes, dut en recevoir 18 000 de l'armée du Rhin.

dégoûtés de la guerre d'ailleurs, depuis la prise de Mayence, et peu soucieux de faire le jeu de leurs alliés. Le roi de Prusse se borna à bloquer Landau, à faire quelques démonstrations sur la Blies (affaire de Limbach, 13 août) et à chasser nos avant-postes du Ketterich (17 août). Schauenbourg fit occuper aussitôt la position de la Main-du-Prince (Herzogshand), à l'est de Bitche. — Brunswick sentait que l'occasion était unique de séparer nos deux armées et d'écraser celle du Rhin : *on l'immobilisa et la politique prussienne nous sauva d'un désastre.*

Pendant ce temps Wurmser, ayant conservé l'activité et la fougue impétueuse d'un hussard malgré ses soixante-neuf ans, attaquait l'armée du Rhin, en avant du Bien-Wald, sur cinq colonnes (20 août). Après une résistance honorable, nos troupes étaient rejetées sur la forêt; mais elles en débouchaient le lendemain (21 août) contre la gauche de Wurmser composée des émigrés (Condé, 5000 hommes). Après un premier succès nous fûmes repoussés et échouâmes de même le 23 contre la droite ennemie. Le 24, nous perdions Bergzabern après une lutte opiniâtre (1) et étions rejetés dans les lignes de Wissembourg : Wurmser occupa le Bien-Wald.

**Landremont.** — Beauharnais, complètement dégoûté de son rôle, vit sa démission acceptée, et fut remplacé par Landremont. Mais la levée en masse, appliquée à l'Alsace par les représentants pour tous les citoyens *sans exception*, amena à l'armée plus de 20000 « agricoles » armés de piques et de faux, qui après s'être fait nourrir pendant quelques semaines, désertèrent en masse comme ils étaient venus. La désorganisation s'en accrut. En vain les représentants, avides d'action, organisèrent-ils pour le 12 septembre une vaste opération tout le long du Rhin. Nous ne pûmes déboucher du Bien-Wald et les tentatives de passage du fleuve à Fort-Louis, à Strasbourg, à Huningue, à Niffer, conduites sans méthode, sans vigueur et avec une extrême précipitation, avortèrent sur tous les points.

**Bundenthal.** — La veille de l'opération (11 septembre), à

---

(1) Le village fut pris et repris sept fois.

l'instigation de d'Arlande qui avait déserté, un corps de 3 500 Autrichiens sous Piaczewitz avait assailli l'aile gauche de l'armée du Rhin, campée dans les montagnes entre Lembach et Dahn et avait enlevé Bundenthal et Nothweiler. Ferey (1), qui remplaçait d'Arlande, vieux et incapable, s'était replié sur Lembach. Landremont, menacé d'être tourné, se résolut à un vigoureux effort pour reprendre Bundenthal et envoya à Ferey l'adjudant général Gouvion Saint-Cyr avec 4 bataillons (2). Le 13 septembre, celui-ci reconnut les positions de Piaczewitz par un simulacre d'attaque et l'assaillit vigoureusement le lendemain sur tous les points. Grâce à ses habiles dispositions, l'ennemi fut refoulé en désordre au delà de la Lauter en laissant 700 hommes sur le terrain, et Bundenthal fut réoccupé.

**Pirmasens.** — Mais le même jour (14 septembre) l'armée de la Moselle, invitée par Landremont à une diversion sur Pirmasens, éprouvait un cruel revers. Moreaux, nommé général de division et successeur de Pully, s'était avancé de Hornbach sur Pirmasens par la route des Deux-Ponts, avec 14 000 hommes. Mais Brunswick, averti, avait pris ses dispositions et au sortir de Faehrbach, nos colonnes, empilées dans un ravin profond, sans espace pour se déployer, avaient été mitraillées de front et de flanc et mises dans une déroute complète ; 2 000 prisonniers et 19 canons tombèrent aux mains de l'ennemi.

Bientôt l'arrivée du feldzeugmeister Ferraris, envoyé par l'empereur, au quartier général prussien, imprimait aux hostilités une activité nouvelle, et décidait Brunswick à s'emparer de Hornbach, dont l'importance était capitale. Le 26 septembre, Kalkreuth (2 000 hommes) s'emparait de Blieskastel ; le 27, Hohenlohe tournait Hornbach, forçait Moreaux à se replier sur Bitche et s'établissait à Eschweiler ; le 28, Knobelsdorf s'emparait de Saint-Imbert et, de concert avec Kalkreuth, nous refoulait sur Sarrebrück. Un pas de plus et l'armée de la Moselle, complètement désorganisée, était rejetée en Lorraine.

L'armée prussienne ne le fit pas. Les avantages obtenus en Pologne par le traité de Saint-Pétersbourg avaient désintéressé

---

(1) Soult l'appelle Ferette (*Mém.* I, 60) : il était capitaine dans sa division.
(2) L'adjudant général Malet, le futur conspirateur, lui était adjoint.

Frédéric-Guillaume de la lutte. Le 29 septembre, il quitta l'armée, laissant à Manstein, adversaire déclaré de l'Autriche, le soin de diriger les opérations. L'armée de la Moselle, qui pouvait être écrasée, se fortifia à loisir sur la Sarre, où Schauenbourg, abandonnant Bitche, rappela tous ses détachements. Il plaça son avant-garde en avant de Sarrebrück, son centre en arrière de la ville, sa droite à Sarreguemines, sa gauche à Sarrelouis. De gros détachements occupaient les passages intermédiaires.

Jusqu'à la fin d'octobre la sécurité de l'armée de la Moselle ne fut pas troublée (1).

### § 5. — RETRAITE DE L'ARMÉE DU RHIN.

**Carlenc**. — Landremont n'était pas resté inactif après son succès de Bundenthal. Les 18, 19 et 20 septembre, de violents combats, qui coûtèrent 800 hommes à l'ennemi, avaient eu lieu dans le Bien-Wald, mais la lutte était restée décousue et partout nous avions dû céder au nombre. Landremont, qui ne disposait que de 31 000 hommes (2) et qui ne cachait pas ses craintes après la retraite de Schauenbourg, fut destitué (24 septembre) en même temps que son collègue et les représentants, ne sachant qui prendre, donnèrent le commandement supérieur au chef de bataillon Carlenc (3). C'était une nullité, et ses principaux lieutenants, sauf Meynier, ne valaient pas mieux. La destitution continuait à frapper sans relâche tous les officiers ayant des attaches avec l'ancien régime. Tout était pêle-mêle et l'armée vivait au jour le jour.

Les lignes de Wissembourg, occupées par elle, présentaient,

---

(1) Au 21 septembre, après l'échec de Pirmasens, sa situation était la suivante:

| | | | | |
|---|---|---|---|---|
| Avant-garde .................... | 6 276 hommes | | 22 pièces | |
| Corps détachés de l'avant-garde.. | 2 000 | — | | |
| Corps de bataille............... | 12 600 | — | 77 | — |
| Corps des Vosges ............... | 14 255 | — | 41 | — |
| | 35 131 | — | 140 | — |

(2) Avant-garde, 7 000 hommes ; droite, 11 000 ; dans les gorges de Nothweiler, 7 000 ; réserve 2 000 et 4 000 cavaliers.

(3) Bouchotte avait désigné Delmas, mais celui-ci était enfermé dans Landau, Schauenbourg fut remplacé par Delaunay.

malgré leur réputation, de graves défauts. Elles étaient trop étendues et, de plus, masquées par le Bien-Wald. En outre, au lieu de se placer derrière la rivière, la moitié de l'armée s'était retranchée en avant, entre Kapsweyer et Ober-Otterbach ; les redoutes étaient innombrables, mais incomplètes et sans chemins d'accès praticables. — Grâce aux renforts venus de Strasbourg l'armée d'occupation comptait 38 500 hommes ainsi répartis :

Avant-garde (Meynier, 10 400 hommes dont 3 000 cavaliers) dans les redoutes de Schweigen et Steinfeld ;

Centre (Munnier, 12 300 hommes) dans le Bien-Wald et **sur** la Lauter ;

Droite (Dubois, 11 000 hommes dont 900 cavaliers) vers Lauterbourg ;

Réserve (Diettmann, 4 800 hommes dont 2 000 cavaliers) à Wissembourg.

L'armée de Wurmser comptait 43 000 hommes : la droite (Kospoth, 14 800 hommes) était à Barbelroth ; le centre (Kavanagh 9 000 hommes) à Freckenfeld ; la gauche (Hotze, 11 000 hommes) au Bien-Wald. A l'extrême droite 5 700 émigrés tenaient les montagnes ; sur la rive droite du Rhin, Waldeck était près de Rastadt avec 8 000 hommes.

**Wissembourg.** — Suivant un plan conçu à Pirmasens entre Ferraris et Brunswick, Wurmser dut attaquer de front les lignes françaises, tandis que les Prussiens les tourneraient par Lembach et Wörth. Le 13 octobre au matin Wurmser s'ébranle en 7 colonnes :

1° Waldeck passe le Rhin en face de Rastadt, entre à Seltz, mais n'ose dépasser Mothern et se replie ;

2° Jellachich entre à Lauterbourg et n'ose en déboucher ;

3° Hotze (6 500 hommes) s'empare du moulin du Bien-Wald, force les lignes et marche sur Schleithal. Carlenc et Munnier perdent la tête et, malgré le courage des soldats, Hotze nous repousse sur le Geisberg ;

4° Meszaros s'empare de la grande redoute de Steinfeld malgré l'énergie de Meynier qui est gravement blessé ;

5° Kavanagh s'empare d'Ober-Otterbach ;

6° Kospoth prend le château de Haftel ;

7° Condé s'empare des retranchements de Bergzabern.

Tout reflue sur le Geisberg et Carlenc ordonne la retraite sur Soultz et Haguenau. Mais Wurmser, qui a eu le tort d'éparpiller ses forces, se contente d'occuper Wissembourg et ne poursuit pas les vaincus.

Pendant ce temps Brunswick, venant du Ketterich, s'était emparée de la Main-du-Prince, de Fischbach et de Ober-Steinbach et avait menacé la gauche de la division des Vosges, portée à 10 000 hommes et concentrée à Nieder-Steinbach. Il se contenta de manœuvrer devant elle, mais Ferey reçut bientôt l'ordre de battre en retraite et, le 16 octobre, s'établit à Hochfelden, derrière la Zorn, tandis que Brunswick poussait jusqu'à Wörth.

**La retraite sur Strasbourg.** — L'armée du Rhin s'était retirée sur la Moder dans un inexprimable désordre. Les lignes de retranchement construites le long de cette rivière ne valaient guère mieux que celles de la Lauter et étaient masquées par la forêt de Haguenau comme celles-ci par le Bien-Wald. Carlenc continua donc son mouvement de recul jusque sur la Zorn et s'y établit de Drusenheim à Brumath, son avant-garde à Weyersheim.

Le 18 octobre, Wurmser, s'avançant sans précaution sur Brumath, subissait un sérieux échec, mais la droite de Carlenc (Dubois), prise d'une frayeur inexplicable, se repliait le même jour de Drusenheim sur Wantsenau. D'après l'avis d'un conseil de guerre, le général en chef recula jusqu'à la Souffel pour couvrir les abords de Strasbourg. L'avant-garde occupa Wantsenau, la droite Souffelweyersheim, le centre Mundolsheim. La division de gauche suivit le mouvement et s'établit partie au Kochersberg (Ferino), partie à Saverne (Sautter). Soldats, généraux et représentants étaient démoralisés.

Wurmser heureusement, n'attendant aucun appui des Prussiens et occupé de rétablir l'ancien ordre des choses en Alsace, s'installa autour de Brumath pour couvrir le blocus de Fort-Louis et laissa traîner les opérations. Le 22 octobre il poussa bien sur Saverne le corps de Hotze, qui délogea le détachement commandé par Sautter de la gorge de Saint-Jean-des Choux. Mais le 24, l'arrivée d'un renfort de 6 bataillons venus de l'armée de la Moselle (sous Burcy), permit aux Français de réoccuper la position. D'ailleurs la saison s'avançait et Brunswick manifestait son intention de reculer sur Kaiserslautern et Spire pour prendre ses quartiers d'hiver; Wurmser se résolut donc à replier le gros de ses forces sur la Moder et à ne conserver sur la Zorn que des avant-postes pour préserver l'Alsace conquise, revenue à l'ancien régime, des vengeances républicaines.

Le 13 novembre Fort-Louis se rendit après trois jours de bombardement. En revanche, un coup de main tenté sur Bitche par les Prussiens, le 16 novembre, avorta complètement.

### § 6. — LA MANŒUVRE DE KAISERSLAUTERN.

**La réorganisation.** — La campagne menaçait de se terminer dans d'assez tristes conditions, mais la période des revers allait se terminer pour nous. Le 23 octobre étaient arrivés à Saverne deux membres du Comité de Salut public investis d'un pouvoir discrétionnaire, les représentants Saint-Just et Le Bas. *Leur influence fut décisive.* En quelques semaines, par des mesures d'une implacable énergie, qui frappèrent indistinctement tous les pouvoirs reconnus incapables, la discipline se rétablit, l'armée se réorganisa, les approvisionnements affluèrent. Un grand nombre d'officiers de tous grades, accusés de royalisme, de négligence ou de lâcheté furent fusillés. L'incapable Carlenc fut remplacé par Pichegru et Delaunay par Hoche.

Ce dernier n'avait que 25 ans (1). Sorti de la plus humble extraction, soldat de fortune, adjudant général chef de bataillon depuis le 15 mai, il avait fixé sur lui l'attention de Carnot par son rôle au siège de Dunkerque et celle de Bouchotte, par sa liaison avec l'adjoint du ministre Audouin. Il avait l'extérieur du commandement et sut imposer à ses lieutenants. Mais il manquait encore d'expérience. Trop confiant en lui-même, plein de jactance et de vulgarité jacobines, il avait besoin des leçons

---

(1) Il était né à Versailles le 24 juin 1768.

de Brunswick. Il était d'ailleurs homme à s'amender et dès la fin de la campagne d'Alsace, grâce à son tact et à son énergie, il était passé maître.

Il prit le commandement le 31 octobre; trois semaines lui suffirent pour réorganiser ses troupes et communiquer à tous le feu sacré qui l'enflammait (1). Son but était simple : débloquer Landau. Mais, jaloux de son indépendance, au lieu d'y marcher par Bitche, Reichshoffen et Wissembourg, en tombant dans le flanc droit de Wurmser et en combinant son action avec celle de Pichegru (2), il choisit la route la plus longue et en même temps la plus difficile, celle de Kaiserslautern. Tandis qu'un corps de 6 000 hommes se porterait sur Bitche, 36 000 hommes débouchant de Sarrelouis (Ambert, 8 000), Sarrebrück (Vincent, 9 000), Sarralbe et Sarreguemines (Huet et Taponier, 19 000) durent s'avancer sur la Blies et la Lauter.

**Kaiserslautern**. — Hoche s'ébranla le 17 novembre, au moment même où les Prussiens, commençant leur mouvement de retraite vers le Rhin, abandonnaient : Brunswick, le camp de Eschweiler, Kalkreuth et Knobelsdorf, leurs positions sur la Sarre. Kalkreuth, vivement pressé par Hoche, s'arrêta entre Biesingen et Blieskastel et tint tête toute la journée avec 7 000 hommes aux 20 000 hommes de son adversaire. Mais le lendemain il se repliait sur Hombourg, et Brunswick à la nouvelle de l'offensive française, prenait le parti de reculer, pour recevoir le choc, sur la forte position de Kaiserslautern ; pendant ce temps, sa gauche (Hohenlohe) couvrirait Landau en se postant de Lembach à Annweiler, et à sa droite un gros détachement bar-

---

(1) L'armée comptait au 5 novembre :

| | | |
|---|---:|---|
| Avant-garde (Vincent et Ambert) | 17 000 | hommes. |
| 1re division (Huet) | 10 000 | — |
| 2e division (Lequoy) | 10 000 | — |
| Réserve | 5 000 | — |
| Parc | 2 000 | — |
| | 44 000 | |

Elle reçut 15 000 hommes de l'armée du Rhin et 5 000 de l'armée des Ardennes, ce qui en rendit 40 000 disponibles pour les opérations actives.

(2) Bouchotte et Carnot avaient déjà proposé ce plan.

rerait à Lauterecken la route de la Glan. Il se posta donc, avec
un peu plus de 20 000 hommes, sur les hauteurs qui dominent
Kaiserslautern, à cheval sur le ruisseau de la Lauter, la gauche
au Galgenberg couronné par une forte redoute, le centre et la
droite sur le Kaiserberg et le plateau de Morlautern, jusqu'au
ravin d'Erlenbach.

Laissant Vincent à Pirmasens pour observer la direction
d'Annweiler, Hoche arriva devant la position le 27 novembre.
Ambert dut marcher sur Otterberg et tourner la droite ennemie,
Taponier attaquer le Galgenberg; Hoche se réserva le plateau de
Morlautern.

La bataille dura trois jours (28, 29 et 30 novembre).

Le premier jour, Taponier n'ose attaquer le Galgenberg,
et Ambert, dans un terrain très difficile, ne peut franchir le
ruisseau d'Otterbach.

Le second jour, Hoche, qui a fait construire une forte batterie
sur la rive gauche de la Lauter, attaque vigoureusement Morlautern et Erlenbach avec le centre. Mais Ambert et Taponier
ne le secondent pas et, malgré le courage des troupes, il ne
parvient pas à entamer Kalkreuth.

Le troisième jour, Hoche a résolu de porter son effort sur
les deux ailes. Ambert débouche d'Otterberg et marche sur
Erlenbach, dont il ne parvient pas à s'emparer. Taponier, répa-
rant son inaction par une brillante et impétueuse attaque,
arrive jusqu'au fossé de la redoute du Galgenberg, mais il est
rejeté dans les bois par un retour offensif de Brunswick.
A neuf heures du matin, Hoche, apprenant que les munitions
sont près d'être épuisées, fait rompre le combat et se retire
sur Deux-Ponts, en si bon ordre et si lestement que les Prussiens à bout de forces ne songent pas même à le poursuivre.

La conduite des troupes avait été superbe; mais, indépen-
damment de la difficulté du terrain, Hoche avait eu le grand
tort de faire une attaque parallèle, décousue, sans plan déter-
miné, et de vouloir tourner l'ennemi par Otterberg (1), alors que

(1) Voir Soult (I, 81), alors employé comme chef de bataillon à l'état-major de
la division Taponier.

(de l'aveu même de Massembach) une démonstration sur Hochspeyer le coupait de Landau, le tournait facilement et l'obligeait à une retraite immédiate (1).

**Pichegru**. — Pendant ce temps Pichegru n'était pas resté inactif. Esprit assez droit, assez juste et très cultivé, mais doué de talents très médiocres, son principal mérite était de connaître les hommes et de savoir se laisser guider. Desaix (2), aussi modeste que brave, aussi humain qu'habile, fut son inspirateur et son conseiller. Bourcier fut son chef d'état-major. Son armée, forte de 33000 hommes (3), s'ébranla le 18 novembre. A droite Desaix et Michaud échouèrent devant Wantzenau et Brumath, mais à gauche Burcy délogea Hotze de Bouxviller et d'Ingviller et Wurmser replia ses forces sur la longue ligne de redoutes établies en avant de la Moder, de Bischviller à Reischoffen et Lembach. En vain Brunswick blâma-t-il cet éparpillement sur un front de 40 kilomètres : Wurmser s'obstina à garder Haguenau.

Du 20 novembre au 15 décembre eut lieu une série ininterrompue de petits combats à la suite desquels Desaix et Michaud s'emparèrent de la ligne de la Zorn et refoulèrent sur les lignes de la Moder tous les postes avancés de l'ennemi. Le principal effort de Pichegru se portait vers sa gauche, pour essayer de tourner l'ennemi. Celle-ci, comme on l'a vu, formait deux corps : la division de Saverne, sous Burcy, et celle du Kochersberg, sous Ferino. Le premier s'était avancé jusque sur la Zinzel; mais le 26 novembre il était tué en essayant de s'emparer de la redoute de Gundershoffen et Hatry, son successeur, ne parvenait pas à déloger l'ennemi du bois de Miestesheim. Ferino avait chassé les émigrés de Condé, de Hochfelden, mais le 2 décembre la faute du général Pierre faisait perdre le village de Bertsheim que Saint-Cyr, chef d'état-major de Ferino, venait d'enlever. Saint-Cyr, successeur de

(1) Les Prussiens perdirent 800 hommes, les Français 2000 (dont 700 prisonniers) et 2 canons.

(2) Né le 17 août 1768, il s'appelait en réalité Des Aix. Voir CHUQUET, *Hoche*, p. 97, et BONNAL, *Histoire de Desaix*, 1 et seq.

(3) Avant-garde : Desaix. Divisions : Michaud, Ferino, Burcy et Diettmann (cavalerie).

Pierre, marcha le 9 décembre sur Bertsheim et s'en empara presque sans combat. A la droite des émigrés, en effet, Hatry venait d'enfoncer Klenau à Dauendorf et de le rejeter derrière la Moder. Comme Desaix et Michaud, Ferino et Hatry vinrent se poster en face des lignes autrichiennes, sans parvenir, malgré d'incessantes tentatives, à les forcer. « Ça va, écrivaient les commissaires du pouvoir exécutif, mais ça va bien lentement! » Toutefois Wurmser, voyant ses troupes épuisées par la lutte et se sachant abandonné par les Prussiens, déclinait d'avance la responsabilité d'un désastre qu'il prévoyait.

### § 7. — LA MANŒUVRE DE FRŒSCHVILLER.

**Frœschviller.** — Après son échec de Kaiserslautern, Hoche eût été perdu sans son civisme. Mais Robespierre, Carnot, Bouchotte étaient pour lui. Le Comité ne fit donc au jeune général ni reproches, ni menaces et Carnot lui écrivit : « Un revers n'est pas un crime lorsque l'on a tout fait pour mériter la victoire;... notre confiance te reste. » Hoche, ainsi encouragé, redoubla d'efforts. Il s'occupa d'abord de réorganiser ses forces (1) et de renvoyer les généraux incapables. Il donna la gauche à Moreaux, le centre à Grangeret, la droite à Taponier. Comprenant, après son échec, que « pour réussir il fallait se réunir », il était revenu de lui-même au plan de Carnot et avait résolu de tomber, par Bitche, sur la droite de Wurmser, campée de Lembach à Reichshoffen (Hotze, 5 000 hommes). Dès le 2 décembre il poussait dans cette direction le corps de Taponier (12 000 hommes), tout en se retranchant avec ostentation sur la Blies pour occuper l'attention de Brunswick (2).

(1) Il reçut encore 10 000 hommes de l'armée des Ardennes.
(2) Taponier avait sous ses ordres la petite division Jacob (4 000 hommes) qui formait vers Bitche l'extrême droite de l'armée. — Comme le remarque justement Jomini, ce mouvement de Hoche n'était qu'une « demi-mesure ». Laissant 7 à 8 000 hommes sur la Sarre pour couvrir ses communications avec Metz, Hoche devait en porter immédiatement 25 000 sur Wörth. « Tel fut sans doute le plan du Comité qui écrivit à Hoche de se joindre à Pichegru, mais qui commit la faute de lui indiquer cette manœuvre plutôt comme un avis que comme un ordre. »

Le 8 décembre Taponier s'empare de la gorge de Jägerthal, en avant de Niederbronn, après un violent combat où se distingue le bataillon de Soult, mais, malgré ses efforts, ne parvient pas à déboucher sur Wörth. Le 12 décembre, le corps de Grangeret (10 000 hommes) arrive à Fischbach, fait sa jonction avec Taponier et s'empare, le 14, des hauteurs au nord de Lembach. Mais du 15 au 18, tous les efforts des deux généraux pour gagner du terrain sont repoussés ; Brunswick, sur les instances de Wurmser épuisé, consent à assumer la défense de Lembach.

Le 22 décembre, Hoche en personne, avec 3 divisions (1), marche sur Frœschviller par le Jagerthal. L'artillerie prépare l'attaque qui a lieu avec un entrain extraordinaire, et une brillante charge de 3 régiments de cavalerie, qui tourne le village, achève la victoire. Wörth est occupé, Reichshoffen tombe, et Hotze, démoralisé, abandonne, malgré les instances de Brunswick, la position de Liebfrauenberg pour se replier sur Wissembourg. Le même jour, Wurmser se repliait sur la Lauter, la droite au Geisberg, la gauche à Lauterbourg, et l'armée du Rhin s'ébranlant tout entière, entrait le 24 décembre à Haguenau.

Les deux armées de la Moselle et du Rhin allaient marcher de conserve, mais les rivalités étaient à craindre et quelques symptômes se manifestaient déjà. Les représentants Lacoste et Baudot, jaloux de l'ascendant de leurs collègues Saint-Just et Le Bas, protecteurs avérés de Pichegru, nommèrent Hoche généralissime, et le Comité, n'osant les contredire, ratifia leur choix.

**Le Geisberg.** — Grâce à l'intrépidité du général Jordis qui tint toute la journée du 23 la position de Retschviller contre les colonnes françaises débouchant de Wörth, Wurmser avait pu défiler par la route de Soultz et gagner Wissembourg. Son armée était dans un état lamentable et comptait plus de 14 000 blessés ou malades. Aussi le général autrichien était-il résolu, malgré les protestations de Brunswick, à repasser le Rhin et à n'occuper Wissembourg que le temps nécessaire aux évacuations. Un combat heureux de cavalerie, livré le 25 près

(1) Lefebvre (remplaçant Jacob destitué), Taponier et Grangeret. — La division Moreaux est restée en observation sur la Blies et à Hornbach.

de Geitershof, lui rendit courage et il résolut de se reporter en avant le 26. Il avait changé d'avis le lendemain matin, quand l'attaque des Français l'obligea à recevoir la bataille. Il avait massé le gros de ses forces sur les pentes du Geisberg, en deux lignes et une réserve. La cavalerie était rangée dans la plaine à gauche, en avant d'Altenstadt; quelques bataillons occupaient le Bien-Wald et Lauterbourg.

Hoche, arrivé devant la position des Autrichiens, avait donné ses ordres pour l'attaque, et, malgré le mauvais vouloir de Pichegru, communiqué aux deux armées un irrésistible entrain. Desaix dut attaquer Lauterbourg; Michaud, Schleithal. Les divisions Ferino, Hatry, Taponier et Lefebvre, rangées entre Oberlauterbach et Steinseltz, durent se porter sur le Geisberg en faisant une vaste conversion à gauche. Le corps de Grangeret dut marcher sur Le Pigeonnier et les gorges de la Lauter (1).

Le 26 décembre à onze heures du matin, après une canonnade intense, les 4 divisions du centre s'ébranlent dans un ordre parfait. La cavalerie autrichienne, conduite par Wurmser en personne, essaye vainement d'arrêter notre droite : Ferino la repousse et l'accule entre Saint-Remy et Altenstadt, tandis que les 3 autres divisions montent à l'assaut du Geisberg au chant de la *Marseillaise*. Les deux lignes d'infanterie autrichienne sont enfoncées et refluent sur Wissembourg dans un épouvantable désordre. Mais notre cavalerie, sous Donadieu, s'embourbe dans les marais aux abords de Saint-Remy, puis fait demi-tour et ne coupe pas la retraite à l'ennemi. Brunswick, d'ailleurs, accouru sur le champ de bataille, se met lui-même à la tête d'une réserve de 8 bataillons restés intacts et, par une vigoureuse contre-attaque, permet aux débris de l'armée autrichienne de repasser la Lauter.

Le 27 Hoche entrait à Wissembourg et Desaix à Lauterbourg. Le 30 Wurmser repassait le Rhin à Philippsbourg tandis que

---

(1) Les divisions et les brigades étaient commandées par des colonels ou des chefs de bataillon en qui Hoche avait confiance, comme Campionnet, Jacopin, Soult, etc. (voir, SOULT I, 90).

Brunswick, après avoir énergiquement défendu le col du Pigeonnier les 24, 25 et 26 décembre, battait en retraite sur Neustadt, harcelé par l'avant-garde française, et de là sur Worms et Oppenheim où il prenait ses quartiers d'hiver (1).

Le 28 décembre Landau avait été débloquée.

Malgré les dissentiments survenus entre le gouverneur Laubadère (remplaçant Gilot destitué) et le représentant Dentzel, la ville avait vaillamment résisté pendant quatre mois et repoussé toutes les sommations. Mais le Prince Royal (6 000 hommes), puis Knobelsdorf, n'avaient bombardé la ville que quatre jours et s'en étaient tenus au blocus.

**Le Palatinat.** — Hoche continua ses succès. Il entra à Germersheim, à Spire et fit occuper Kaiserlautern par Moreaux resté sur la Blies. Celui-ci poussa même jusqu'à Kreuznach, et Saint-Cyr jusqu'à Kirchheim-Bolanden ; mais devant les renforts envoyés par Brunswick on dut reculer. L'armée, d'ailleurs, en avait assez ; les volontaires désertaient en foule, estimant leur tâche terminée ; soldats et représentants s'occupaient de mettre le Palatinat au pillage et Hoche, qui s'en indignait, fut moins en faveur. Le dissentiment entre lui et Pichegru s'accentuait. On dut envoyer celui-ci dans le Nord et le remplacer par Michaud, qui fut indépendant de Hoche. Michaud, après être rentré à Fort-Louis, refusa de marcher sur Mannheim et fut autorisé à prendre ses cantonnements le long du Rhin. Hoche, malgré ses protestations et l'épuisement de ses troupes, reçut l'ordre de s'emparer de Trèves. Mais son armée fondait pendant la marche ; sur 76 000 hommes comptant à l'effectif (divisions Lefebvre, Championnet, Morlot, Paillard, Moreaux, Desbureaux, Hatry) il en avait à peine 47 000 dans le rang, tous absolument rebutés. Carnot dut l'autoriser à prendre ses quartiers d'hiver sur la Sarre et la Blies.

Le 10 mars 1794 Hoche était remplacé par Jourdan et envoyé à Nice. En y arrivant il était arrêté et conduit sous bonne garde à Paris. Le parti de Pichegru avait gagné à sa cause Bouchotte et le Comité, et Carnot en voulait à Hoche de

(1) Voir dans SOULT (I, 102) le curieux Mémoire qu'il adressa le 6 janvier au roi de Prusse en lui demandant son rappel.

n'avoir pas poussé l'expédition de Trèves. Le 9 thermidor le délivra.

**Conclusion.** — Telle fut la campagne d'Alsace que tout annonçait d'abord comme un triomphe pour les coalisés. Les dissentiments survenus entre eux avaient été la principale cause de leur désastre. Sans doute les caractères de Brunswick et de Wurmser, l'un circonspect et méthodique, l'autre entreprenant et hardi, s'accordaient peu. Sans doute Wurmser avait commis des fautes en s'étendant démesurément et en s'obstinant à rester sur la Moder. Mais Brunswick s'était vu lier les mains par la politique prussienne et il avait eu le grave tort de conserver le commandement dans des circonstances si peu honorables pour son caractère. Il s'était efforcé au dernier moment de conjurer le péril causé par son inertie, mais il était alors trop tard pour agir, et si sa retraite avait été bien conduite, elle n'avait sauvé que son armée.

D'ailleurs le nombre devait finir par triompher. Sans cesse renouvelées, approvisionnées et électrisées, les troupes républicaines devaient avoir raison à la longue des soldats de Wurmser toujours sur la brèche et épuisés par une lutte incessante. A part la manœuvre de Frœschviller qui dénotait une idée stratégique juste, exécutée vigoureusement, on n'avait vu dans cette campagne ni plan, ni règle, ni méthode. Partout et toujours les instructions des chefs avaient été vagues et flottantes, quoique peu à peu un principe eût semblé s'en dégager : attaquer sur tous les points pour tenir l'ennemi en haleine, mais n'attaquer vigoureusement qu'en un seul, avec des forces supérieures.

— Enfin on avait expérimenté la nourriture des troupes sur le pays, les cantonnements et les bivouacs. Les soldats toujours agissants, devant un adversaire toujours circonspect, avaient pris l'habitude de la témérité. « Célérité et impétuosité étaient devenus pour eux, comme dit Mallet du Pan, les deux éléments de la guerre. »

Ainsi, à chaque campagne, allaient se préciser d'avantage les nouvelles méthodes de lutte, qui déroutaient les généraux formés à l'école de Frédéric II.

## V

## LA CAMPAGNE DES ALPES

### § 1. — OPÉRATIONS DANS LE COMTÉ DE NICE.

**Biron**. — A peine arrivé à l'armée d'Italie, Biron avait appris l'occupation de Sospel par les Piémontais (11 février) (1). Pour protéger notre avant-garde de l'Escarène il était nécessaire de prendre l'offensive et de les en déloger. Brunet, chargé de l'entreprise avec 1500 hommes, prit d'habiles dispositions et s'empara du poste (14 février). Quelques jours plus tard nous attaquions les forces ennemies dans les vallées du Var, de la Tinée et de la Vésubie. Brunet, débouchant sur la haute Vésubie par la vallée de la Bevera, tandis que Dagobert la remontait directement, s'empara de Lantosque le 1er mars, de Belvédère le 2. Mais le 12 mars une tentative sur le Moulinet échoua.

Biron s'occupa de réorganiser l'armée. Mais l'habillement, l'équipement, les voitures, les bêtes de trait, tout faisait défaut. Sur 25000 hommes comptant à l'effectif, 17000 seulement étaient en état de servir et suffisaient à peine à garder les débouchés des montagnes. D'autre part le général autrichien de Wins, nommé généralissime de l'armée sarde, avait formé en 4 divisions les forces du comté de Nice (2), confiées au duc de Chablais. Il les avait postées sur l'Authion et leur avait ordonné la défensive.

Du 20 mars au 15 avril la guerre se borna à une série d'escarmouches. Biron fit occuper Sospel, et Brunet, en débouchant, attaqua brillamment le col du Pérus (17 avril), mais sans succès.

**Brunet**. — Biron, nommé au commandement de l'armée des Côtes, fut remplacé par Brunet dont le constant objectif fut la

(1) Voir le croquis n° 23 et le Chapitre I, p. 129.

(2) Ces forces se montaient à 17000 hommes, dont 13000 hommes de ligne et 4000 miliciens.

conquête de l'Authion. Il y préluda, dans le courant de mai, par une expédition dans la haute Tinée et la prise d'Isola (21 mai). Puis il attaqua l'Authion.

Celui-ci était défendu par 11 000 hommes, 4 000 à droite vers les Mille-Fourches et le col de Raus, 7 000 à gauche s'étendant jusqu'à Breil. Brunet les assaillit le 8 juin en deux masses (1) : à gauche Dortoman (7 000 hommes) marcha sur Raus, à droite Dumerbion (10 000 hommes) marcha sur le Moulinet. La première attaque échoua, mais la seconde réussit et nous prîmes position en face des contreforts de l'Authion.

Le 10 juin Brunet fit occuper Breil et renouvela, le 12, son attaque de l'Authion. Cette fois il échoua complètement et perdit 1 500 hommes (2). Heureusement les Austro-Sardes ne songèrent qu'à se fortifier et non à prendre l'offensive.

Kellermann, investi du commandement supérieur des armées des Alpes et d'Italie, vint visiter les positions de cette dernière et prescrivit de les conserver en occupant le col de Brouis et en observant une défensive active (3). Une division de 6 000 hommes (Lapoype, puis Macquard) dut garder la côte de Monaco à Antibes ; deux divisions de 10 000 hommes chacune garnirent les Alpes, l'une (Dumerbion) vers Brouis, avec une avant-garde à Breil, l'autre (Dortoman et Sérurier) au Moulinet et dans la vallée de la Vésubie, sur les deux flancs de l'Authion. Celle-ci se reliait par la vallée du Var à l'aile droite de l'armée des Alpes.

Pour masquer les mouvements prescrits par Kellermann, Brunet attaqua (29 juillet) les ouvrages des Mille-Fourches et du col de Raus, où Colli renforcé disposait de 7 000 hommes. Il échoua, mais occupa définitivement le même jour la haute vallée de la Tinée, ce qui raccourcit la communication avec l'armée des Alpes.

**Dumerbion**. — Sur ces entrefaites Brunet se brouilla avec les

(1) Formant cinq colonnes (ROGUET, I, 96 sqq.).
(2) Voir ROGUET (I, 100 sqq.).
(3) Il laissa à Brunet en se retirant une excellente instruction sur les positions à occuper successivement en cas d'attaque ; cette instruction était due à son chef d'état-major, le général de Saint-Remi.

représentants ; il fut destitué (6 août) (1) et remplacé par Dumerbion, au moment où la menace de la flotte anglaise et le développement des troubles du Midi obligeaient de détacher de l'armée d'Italie le général Lapoype avec 3000 hommes pour renforcer l'armée de Carteaux devant Toulon et Marseille. Cet affaiblissement coïncida avec une offensive des Piémontais. Le général de Saint-André qui les commandait, et qui n'avait cessé d'inquiéter nos postes de la Vésubie, tenta une attaque générale du 15 au 17 août. Dortoman subit quelques échecs et fut remplacé par Masséna. Mais la retraite sur Tournoux de la droite de l'armée des Alpes (2), obligée elle aussi de se resserrer, contraignit l'armée d'Italie à abandonner les hautes vallées de la Tinée et de la Vésubie (fin d'août) ; Colli les occupa derrière nous, et poussa jusqu'à Puget-Théniers.

Suivant un plan concerté avec l'amiral Hood, un vaste mouvement d'offensive dut avoir lieu chez les Sardes. Le roi lui-même vint à Tende encourager les troupes par sa présence et fixa l'opération au 7 septembre.

Notre droite (Macquard, 5000 hommes), qui occupait les camps de Béolet et de Brouis, ne subit, le 7 et le 8, que de fausses attaques, qu'elle repoussa facilement. Notre centre (Masséna, 4000 hommes) en avant de l'Authion, fut seulement canonné par Colli. Mais notre gauche (Sérurier, 3000 hommes), assez disséminée, fut vivement attaquée par Saint-André sur les deux rives de la Vésubie. Sérurier recula sur Saint-Arnould, ne conservant sur la rive droite que le poste d'Utelle. A ce moment (15 septembre) il fut nommé au commandement de la division d'Entrevaux et fut remplacé par Dugommier.

Heureusement pour nous de Wins tâtonna et perdit deux semaines. Le 1er octobre il fit attaquer Gilette et Utelle et échoua complètement. Tandis que Colli distrayait notre droite par de fausses attaques, de Wins appela de nouvelles forces dans la vallée de la Vésubie et manœuvra (15 octobre) pour entourer Gilette, occupée par 700 hommes. Le 18 il l'attaqua avec

(1) Il fut guillotiné peu après.
(2) Une division dépendant de cette armée resta à Entrevaux.

3 500 hommes, mais Dugommier, accourant d'Utelle avec 500 hommes, tomba pendant la nuit sur les Piémontais, jeta la panique dans leurs rangs et dégagea la place. Puis il revint à Utelle, attaquée par Saint-André, et le repoussa le 22.

L'approche de l'hiver obligea de Wins à la retraite ; mais ce général commençait à perdre son prestige et le mouvement de recul s'exécuta sans concert par les divers corps de l'armée sarde. Sérurier, débouchant d'Entrevaux, occupa de suite Puget-Théniers ; Masséna, remplaçant Dugommier appelé à Toulon au commencement de novembre s'empara de Castel-Gineste (24 novembre) et de Lantosque. Dumerbion ne poussa pas plus loin. Non seulement on lui demandait de nouvelles troupes pour Toulon, mais l'arrivée des bataillons de réquisition et les soins qu'exigeait l'amalgame, l'obligeaient à prendre de suite ses quartiers d'hiver (1). La division d'Entrevaux passant sous ses ordres, il répartit ses forces actives en cinq masses (2) :

Division Macquard... (6 000 hommes) Brouis et Béolet.
    —    Bizanet..... (5 500  —  ) Moulinet-Peira-Cava.
    —    X ......... (5 000  —  ) Luceram et l'Escarène.
    —    Masséna.... (3 000  —  ) Gilette-Utelle-Levens.
    —    Sérurier ... (4 000  —  ) Entrevaux-Puget-Théniers.

Des détachements (7 700 h.) gardaient la côte de Monaco à Fréjus.

Laissant des postes sur les crêtes des montagnes, l'ennemi alla cantonner dans les plaines du Piémont.

### § 2. — OPÉRATIONS EN SAVOIE (3).

**La situation jusqu'en août.** — Au commencement de 1793, l'armée des Alpes, obligée d'envoyer des renforts aux Pyrénées, comptait environ 30 000 hommes, dont 16 à 20 000 seulement disponibles. La neige d'ailleurs l'immobilisait dans ses quartiers jusqu'au printemps et Kellermann eut tout le temps

---

(1) C'était d'ailleurs un vieil officier impotent, entièrement à la dévotion des représentants (ROGUET, I, 111).

(2) Voir la situation détaillée au 5 décembre dans ROGUET (I, 114 sq.). Elle ne donne que 16 725 hommes *présents* pour les divisions actives et 7 744 pour les garnisons.

(3) Voir le croquis n° 11.

voulu pour la réorganiser et l'accroître. Le 1ᵉʳ mai elle comptait
45 000 hommes à peu près équipés, mais manquant d'armes et
de munitions. Son chef avait considérablement augmenté les
retranchements élevés sur les débouchés et préludé par de
nombreuses reconnaissances à ses projets d'offensive.

Au printemps de 1793 l'armée austro-piémontaise comptait
50 000 hommes de ligne, que rendaient complètement disponibles
pour les opérations actives 25 000 miliciens occupant les places.
Les premiers étaient répartis en quatre masses :

> Duc de Montferrat (14 000 h.), vallée de la Doire Baltée.
> Marquis de Cardou (9 000 h.), vallée de la Doire Ripuaire.
> Général Strassoldo (14 000 h.), entre Pô et Stura.
> Enfin l'armée du comté de Nice.

Les premiers engagements eurent lieu entre les troupes de
Strassoldo et la division Rossi qui occupait Tournoux et la
vallée de l'Ubaye. De petits combats se livrèrent aux environs
de Larche et à Largentière, à la suite desquels les Piémontais
se retranchèrent au col de la Madeleine. Mais les nouveaux
renforts fournis par Kellermann, surtout les insurrections de
Lyon et de Toulon, qui l'obligèrent à détacher plus de
8 000 hommes, le mirent dans la nécessité de resserrer ses positions. Dans les premiers jours de juillet la répartition de ses
faibles moyens était la suivante :

> Brigade Badelaune.    4 000 hommes en Tarentaise  ⎫
>     —   Ledoyen..    4 500    —    en Maurienne  ⎬ division Dubourg.
>                1 500    —    en Faucigny.  ⎭
>                2 200    —    dans le Briançonnais.
>    Total.......   12 000

**L'offensive piémontaise.** — Dans les premiers jours
d'août, le duc de Montferrat prenait l'offensive avec environ
15 000 hommes, mais au lieu d'agir dans une seule direction, il
partageait ses forces entre le Faucigny, la Tarentaise et la Mau-
rienne, et n'avançait qu'avec une extrême lenteur. Après quelques
petits combats, Dubourg se replia sur Conflans et écrivit à
Kellermann pour lui annoncer sa prochaine retraite sur Fort-
Barraux. Mais le général, occupé au siège de Lyon, accourut à
Conflans (21 août), parcourut le pays pour le rassurer, appela à

lui toutes les troupes disponibles et, vers le milieu de septembre, reprit l'offensive dans les vallées de l'Isère et de l'Arc.

Les Piémontais, après avoir pris Sallanches et Cluses (21 août), s'étaient arrêtés et avaient perdu leur temps à lancer des manifestes. Vigoureusement assaillis par les Français qu'ils croyaient démoralisés, ils évacuèrent rapidement leurs conquêtes et repassèrent les Alpes du 1er au 5 octobre.

### § 3. — TOULON.

La constitution de 1793, proposée à la sanction du peuple, avait donné naissance, dans le Midi de la France, à un vaste mouvement insurrectionnel contre la Convention. Marseille et Lyon en étaient les foyers, et les confédérés provençaux avaient franchi la Durance, au commencement de juillet, pour se réunir à ceux du Rhône. Mais la division Carteaux (3 500 hommes), détachée aussitôt de l'armée des Alpes, les avait battus à Orange (25 juillet), à Cadenet (9 août), puis sous les murs de Marseille (23 août) et avait reconquis la ville (1). Craignant les vengeances jacobines, Toulon se livra aux Anglais (27 août).

L'amiral Hood y débarqua aussitôt 10 000 hommes et mit la ville en état de défense. Carteaux s'y porta avec ses faibles moyens (3 300 hommes), força les gorges d'Ollioules le 7 septembre et refoula les postes avancés dans la place (2). Dugommier, amenant un renfort de 3 000 ou 4 000 hommes, le remplaça, mais, obligé de s'étendre pour envelopper la ville, ne put pousser bien activement les opérations du siège. Deux mois se passèrent en escarmouches. Le 30 octobre une grande sortie des assiégés fut repoussée, et, sur les conseils des commandants Marescot et Bonaparte, dirigeant l'un le génie, l'autre l'artillerie, le général porta ses efforts sur le fort de l'Éguillette (3).

Le 16 décembre dans la nuit, une grosse redoute anglaise, dite *le Petit Gibraltar*, qui en défendait les approches, fut enlevée

(1) Pendant ce temps Kellermann assiégeait Lyon.

(2) Voir le croquis n° 23.

(3) Sur le rôle capital de Bonaparte, voir J. COLIN, *l'Éducation militaire de Napoléon*, p 177 sqq.

d'assaut, tandis que le général Lapoype s'emparait du Fort-Faron. Les Anglais, après une perte de 2 000 hommes, abandonnèrent tous les ouvrages extérieurs, et le 19 l'armée républicaine entrait dans la place. La plus grande partie des magasins de la marine et de l'escadre française enfermée dans Toulon, auxquels Hood avait mis le feu en se retirant, put être sauvée.

Lyon était tombée le 9 octobre : la Convention, victorieuse aussi en Vendée, allait pouvoir l'année suivante tourner toutes ses forces contre l'étranger.

# VI
## LA CAMPAGNE DES PYRÉNÉES (1)

### § 1. — PYRÉNÉES OCCIDENTALES (2).

**Servan.** — Le roi d'Espagne Charles IV avait offert sa neutralité à la France à condition que la vie de Louis XVI fût respectée. Après l'exécution du roi, il se décida à déclarer la guerre (23 mars 1793).

Dès la fin de l'année 1792, l'Assemblée avait organisé le long de la frontière des Pyrénées une armée qu'elle avait confiée à l'ancien ministre Servan et dont l'effectif nominal avait atteint 35 000 hommes. Aussitôt la guerre déclarée, Sahuguet envahit le Val d'Aran et occupa Viella (31 mars). Mais la disposition des cols devant limiter les opérations importantes aux deux extrémités de la chaîne et l'étendue d'un pareil théâtre excédant les forces d'un seul général, on fut de suite conduit à donner à Servan les Pyrénées occidentales et les Pyrénées orientales à Deflers (30 avril).

Servan, disposant sur le papier de 24 000 hommes, mais en réalité d'à peine 12 000, les avait répartis, en attendant des renforts, dans de petits camps d'exercice. Sa droite occupait ceux d'Hendaye, de Jolimont et de Sare.

Ventura Caro, commandant de ce côté les forces espagnoles,

---

(1) Nous ne pouvions, pour être complet, passer ces opérations sous silence; nous n'avons fait que les résumer.

(2) Voir le croquis n° 24.

d'un effectif double des nôtres, attaqua le 23 avril les 4 bataillons du camp d'Hendaye et fut repoussé, mais s'empara le 30
de celui de Sare, et le brûla. Servan concentra alors ses forces
en deux divisions, l'une sous ses ordres à Bidart, l'autre, sous
La Genetière, à Saint-Jean-Pied-de-Port : celui-ci chassa les
Espagnols du Val-Carlos (23 mai) et de la vallée de
Baïgorry (3 juin).

La guerre se borna pendant toute l'année à des escarmouches.
Le 6 juin le général Caro attaqua Château-Pignon, s'en empara
et fit prisonnier La Genetière. Servan envoya de ce côté une
partie de sa division, et attaqua les Espagnols avec le reste
(3000 hommes) en avant de la Bidassoa. Il s'empara de la
montagne de Louis XIV, à côté d'Hendaye, et rejetta l'ennemi
sur la rive gauche, mais il fut destitué sur ces entrefaites et
remplacé par Delbecq.

Celui-ci, complètement incapable, laissa les Espagnols
menacer Saint-Jean-Pied-de-Port; mais Dubouquet les délogea
le 1er juillet du camp d'Ispeguy.

Les combats d'avant-postes continuèrent. Vers la fin de
l'année la Convention ordonna la création, entre Hendaye et
Saint-Jean-de-Luz, d'un camp retranché, dit *des Sans-Culottes*,
où pussent s'exercer les nouvelles recrues. — L'effectif nominal
de l'armée atteignait alors 32000 hommes.

### § 2. — PYRÉNÉES ORIENTALES (1).

**Deflers.** — Deflers, disposant de 16300 hommes, avait occupé
en avant de Perpignan la position de Thuir, d'où il pouvait
secourir la ville de Bellegarde, qu'assiégeaient les Espagnols,
ainsi que les forts de La Garde et des Bains. Ricardos, qui
commandait l'ennemi, avait formé le projet d'envahir le Rous-
sillon, et le 18 mai, attaquait (avec 12000 hommes) Thuir et le
mas d'Eu. Après un violent combat, les Français, tournés par
leur gauche, évacuaient leurs positions en bon ordre; mais
dans la nuit, une panique les faisait fuir jusqu'à Perpignan.

(1) Voir le croquis n° 25.

Ricardos ne les poursuivit pas et revint sur ses pas pour prendre Bellegarde, qui ne renfermait qu'une garnison de 900 hommes mal pourvus de vivres. Les forts des Bains et de La Garde tombaient à la fin de mai et la tranchée était ouverte devant Bellegarde qui succombait le 24 juin, à demi détruite. Le général espagnol se reporta alors en avant, occupa Thuir (1er juillet), le mas de Serre (16 juillet) et, le 17, attaqua avec 24 000 hommes le camp de l'Union, entre les deux bras du Tet. Deflers le repoussa et réoccupa même le mas de Serre.

Le 4 août les Espagnols entraient à Villefranche presque sans résistance, mais le 28, Dagobert, opérant en Cerdagne, remportait un sérieux avantage en avant de Mont-Louis.

**Barbantane**. — Comme à l'autre extrémité de la chaîne, la guerre se borna à des escarmouches continuelles. Barbantane remplaça Deflers. Ricardos, qui avait franchi le Tet et s'était emparé de Peyrestortes (6 septembre), fut battu le 8 par Daoust et Pérignon, débouchant de Perpignan et de Rivesalte avec 7 000 hommes, et perdit 2 000 hommes et 46 pièces.

**Dagobert**. — Mais l'actif Dagobert, qui remplaça Barbantane, disposant de 23 000 hommes, chercha une action générale pour dégager Perpignan et terminer la campagne ; le 22 septembre il attaqua Ricardos, campé la droite au mas d'Eu, le centre à Truillas, la gauche à Thuir. — La gauche espagnole, commandée par le duc d'Ossuna et protégée par une forte batterie, sur laquelle se porta le principal effort des Français, écrasa la droite de Dagobert et prit ou tua plus de 3 000 hommes. — A l'autre aile, Dagobert ne fit déployer que quelques bataillons de tirailleurs, mais au centre il attaqua vigoureusement Courten sur deux colonnes. Ricardos renforça son lieutenant avec une partie de sa droite et nos bataillons furent encore défaits sur ce point. Nous battîmes en retraite après une perte de 6 000 hommes ; celle de l'ennemi ne dépassait pas 1 500 soldats.

Dagobert, renforcé, reprit l'offensive quelques jours après et se résolut à une guerre de postes incessante. Il délogea les Espagnols du Tech, les poursuivit jusqu'à Campredon et s'empara de la ville ; puis, jugeant la position trop en l'air, se replia sur Mont-Louis.

**Turreau**. — Ricardos, ayant reçu de son côté 8 000 hommes, revint occuper sur la rive gauche du Tech le camp du Boulou et Turreau, successeur de Dagobert (1), l'y attaqua dans la nuit du 14 au 15 octobre. Après un premier succès de la droite française, que l'obscurité empêcha de poursuivre, un retour offensif des Espagnols rejeta l'armée en bas des positions. Turreau, revenant au plan de Dagobert et à la petite guerre, ne laissa bientôt plus aux Espagnols, sur le Tech, que la ville de Céret. Le 26 novembre il tenta de s'en emparer et y prit pied ; mais La Union, accourant avec des renforts, l'en chassa le soir même.

Ricardos, enhardi, enleva le 6 décembre le camp de Villelongue, puis chargea Cuesta de s'emparer de Collioure, Port-Vendres et Fort-Saint-Elme. Ce général attaqua les Français retranchés sur les hauteurs en avant du fort (20 décembre), les battit et entra dans Saint-Elme par la trahison du gouverneur, tandis que sa droite enlevait Port-Vendres (22 déc.). Collioure capitula le 23.

**Doppet**. — Doppet, successeur de Turreau, rallia ses troupes au camp du Boulou. Les deux armées prirent leurs quartiers d'hiver.

Faute de moyens, la campagne des Pyrénées n'avait pas donné de résultats, mais nos frontières étaient sauves.

---

(1) Dagobert resta en Cerdagne avec sa division.

CORBEIL. — IMPRIMERIE ÉD. CRÉTÉ.